名單之外

你也是受害者之一？

鄭南榕基金會

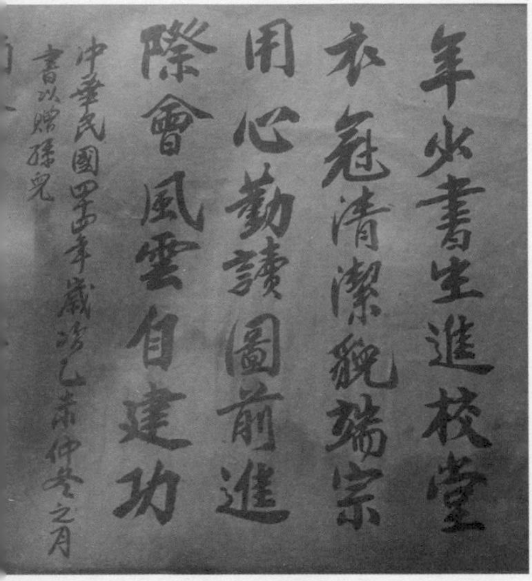

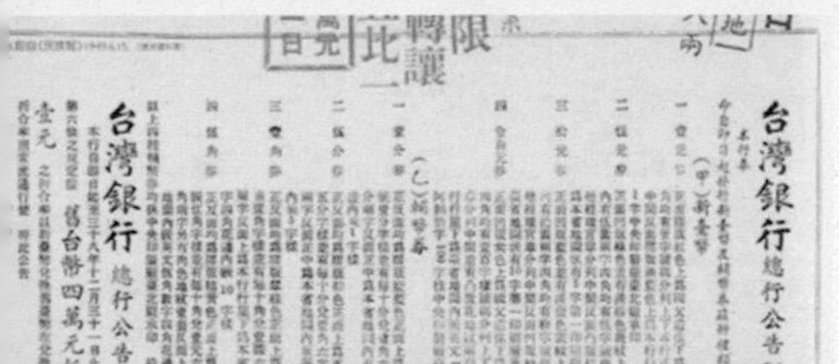

上 鄭南榕父母結婚照。(鄭南榕紀念館館藏提供)

左 1955 年(鄭南榕小學二年級)外祖父所贈詩作。(鄭南榕紀念館館藏提供)

左下 1949 年四萬元舊台幣換一塊新臺幣。(圖片來源:台灣控)

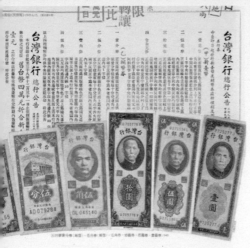

鄭家全家福，左一為鄭南榕。（鄭南榕紀念館館藏提供）

上　鄭南榕和變速腳踏車。（鄭南榕紀念館館藏提供）

下　鄭南榕（左二）、葉菊蘭（右二）在武荖坑。（鄭南榕紀念館館藏提供）

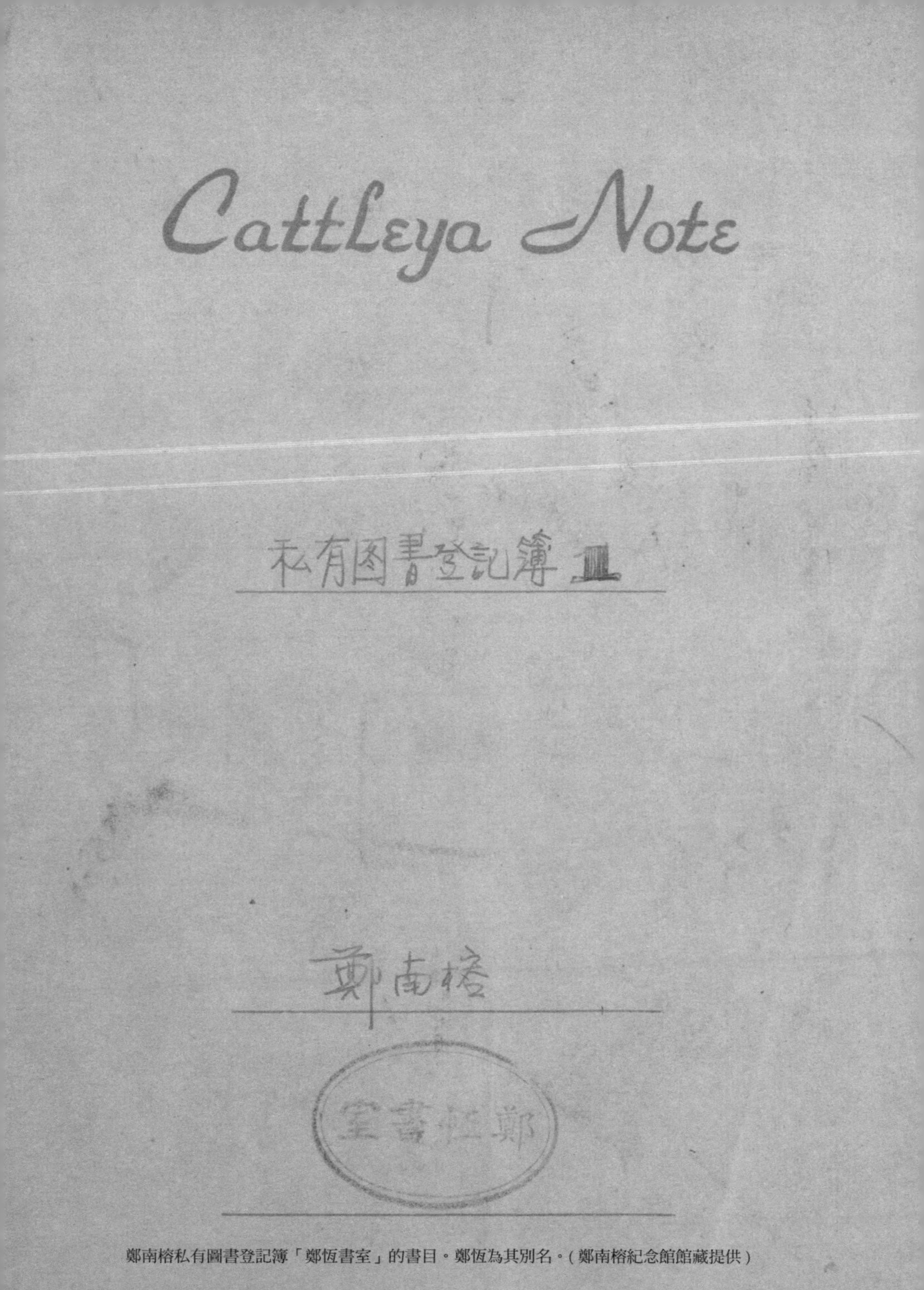

鄭南榕私有圖書登記簿「鄭恆書室」的書目。鄭恆為其別名。（鄭南榕紀念館館藏提供）

文星集刊

圖書館學概論　　杜定友著

無序言，有附錄參考書目（在第四十章）

共四十章。　　本書重印為文星集刊第1號

共109頁。

論理學綱要　　林仲達著　1938、8月於上海

自序一，凡例一，中文、西文名詞索引各一。有參考書目在P.155

計六章，二冊，156頁。

本書為重印的，文星集刊 14 ①及②

科學家奮鬥史話　　威爾遜（G. Wilson）原著

曾宝施譯　1935、2.10、於上海

自序一，計廿八章 490頁（實477頁）。四冊.

缺第十章培根．可能為重印闕落漏.

本書重印為文星集刊 37 ①②③④

人事工程學　　查理高（Charles R. Gow）著

編者引言一，分16講，163頁，二冊．譯者不明

為研究人事心理的一本通俗化的書。

本書重印為文星集刊 46 ①②.

心理學概論　　丘景尼著

有插圖，無序言索引等，計八編四十七章308頁，三冊.

本書重印為文星集刊 45 ①②③

文星叢刊

1. 傳統下的独白　　　　　　　　　　李敖著

序及再序各一，目錄一，共228頁，雜文20篇。

初版 52.9.25. ~~再版~~ 七版 54.12.25　　　　　編在文星叢刊 5.

2. 历史与人像　　　　　　　　　　李敖著

自序一、附图片四、　235頁，文章12篇

初版 53.1.25　再版 54.4.25　　　　　編在文星叢刊 35

3. 為中國思想趨向求答案　　　　　　李敖著

序文一，有目錄，图片八幅。　148頁。文章7篇

~~初版~~ 二版 54.2.5　　　　　編在文星叢刊 59

4. 上下古今談　　　　　　　　　　李敖著

長序一，有目錄，　200頁，方塊文。

初版 54.9.25　　三版 54.12.1　　　　編在文星叢刊 179

5. 我對历史的看法　　　　　　　　黎東方著

序一、有目錄。　252頁，文章20篇

初版 54.4.25　　　　　　編在文星叢刊 156

細說民國　(~~共~~二冊)(1.2)　　　　　黎東方著

自序一，有目錄(分冊刊登)，第一冊1至209頁，1至43節。第二冊21[illegible]至423頁，44至68節。　初版 55.7.25.　編在文星叢刊 203①②

26. 視覺新論　　巴克萊(G. Berkeley)著 1709.
有譯序，及著者献書。共76頁，160節
全一冊.　　本書重印為文星集刊 7.

27. 哲學中之科學方法　　羅素(B. Russell)著 1914
有譯例，原序。及目錄。343頁 8篇 。分裝四冊.
本書為演講稿，重印為 文星集刊 13 ①②③④

28. 現代心理學與教育　　雷斯德(C.E. Ragsdale)著
有譯序、編序、著序各一，及目次。附錄有：1.人名檢查表. 2.漢文内容檢查表. 3.英文内容檢查表。共292頁，2篇18章48節。原著於1931年，是一本好書！本書重印為文星集刊 29 ①②③　分裝三冊。

29. 兒童心理學　　蕭思承著 1934年
序言二篇、參考書目64個、共116頁 分14章. 全一冊
本書重印為文星集刊 32.

四、市村自傳　　　　　丁策譯
原序、譯序各一，圖片4幅，附錄：市村領導下之事業一覽表。
著者原跋一，　　198頁，20章。　　（原本為日文）
初版 55.6.25　　　　編在文星叢刊 144

五、賢不肖列傳　　　　胡邇園 著
弁言、再記各一，（註：原寫約在46年以前3年至5年內，集稿在46年）
有目錄，189頁，傳記短文41篇。
初版 55.7.25　　　　編在文星叢刊 206.

六、現代社會與現代人　　　何秀煌 著
自序、目錄各一，論文13篇，共218頁
初版：54.7.25　　　　編在文星叢刊 168.

207. 宋教仁　　吳相湘著

自序一. 有目錄. 圖片4幅. 附錄: 引用史源及重要參考資料.
全冊,301頁, 6章25節.　初版 53.8.25. 再版 54.4.25
編在文星叢刊 53

208. 孫逸仙先生　第一冊　　吳相湘著

有自敘8頁. 附錄:「孫逸仙博士傳的撰寫工作」,「第一引用及參考書目」.「勘誤表」。圖片八幅. 第一冊自1至286頁 1至9章,共37節。　初版. 54.11.12　編在文星叢刊 137.

209. 0與1之間　　何秀煌著

自序及再版序各一,有目錄。　221頁. 文章16篇.
初版 53.7.25　再版 54.3.5　編在文星叢刊 65

210. 蓮的聯想　　余光中著

代序「蓮戀蓮」。有目錄.及後記。　127頁. 中文詩30首. 英譯2首.　初版 53.6.25　再版 54.4.25　編在文星叢刊 58

211. 哈代評傳　　李田意著　原作 1937.5.

自序一. 有目錄及參考書目. (A. 哈代著作, B. 關於哈代的著作, C. 其他。)　231頁, 約分8篇。
初版 54.9.25
編在文星叢刊 171

協志工業叢書

1. 應用想像力　　奧斯朋原著　　邵一杭譯 民52

原序(長文)，[並另介紹其他創造性的思想方法]，譯序各一，原著者致譯者函及其略歷，有目錄，每章末有「討論題」，「練習題」，參考書籍。共356頁．分28章137節。

初版 53.7.1　　再版 54.6.1　　屬協志工業叢書.

2、社會學　　柯尼格原著　　朱岑樓譯

原序、譯序、原著者中文版序、再版譯序．有目錄，附錄：「學名、人名漢譯索引」，325頁．19章89節．

初版 51.9.30　　再版 54.11.15　　協志工業叢書

3、如何使思想正確　　勞伯．蕭勒士原著　1932年　林炳錚譯

有「關於作者」一文，及原著者記．有目次表．及附錄：1. 論辯中爲人所普遍採用的34種詭譎技倆及克制它們的方法 2. 杜撰的一個辯論會——作爲舉例說明歪曲的思想 3. 一篇假想的辯論——一個男人和一個女人對戰爭與和平問題的辯論. 4. 推理測驗(三套)及計算測驗分數的規則。209頁．12章.

初版 48.8.1　　三版 54.3.1　　協志工業叢書

法的任務　　龐德原著　　伍守恭譯

本篇係著者於1941年的學術演講稿．分三篇．1. 法律何爲 2. 法律爲何 3. 法律之功能，共53頁　　初版 49.6.10

協志工業叢書.

商務 人人文庫

11. 變態心理學　　朱潛著
自序一篇，有目錄，共169頁七章。　　55.7.初版　人人文庫之017

12. 思想的方法　　華勒士著　胡貽穀譯
原序一，有目次，共200頁12章。　　55.7.初版　人人文庫之029

3. 社約論　　盧梭著　徐百齊譯
4編，48章，190頁。　　55.8.臺一版　之48

4 群己權界論　　穆勒著　嚴復譯
五編，134頁，後附譯名表。　　55.8.臺一版　之49

5 愛彌兒　　盧梭著　魏肇基譯
盧梭略傳，五編，373頁。　　55.8.台一版　之50.51

3 進步與宗教　　道森著　柳明譯
10章，210頁。　　55.8.台一版　之54.55

35. 化學學校　　歐斯伐原著 1904. 湯元吉譯

有譯序. 第一版原序及再版原序. 附錄有. 中文索引. 德文索引

計543頁 71章。〔太陳舊了! 這本書。〕　　協志工業叢書.

36. 哲學的趣味　　威爾·杜蘭著 1929 胡百華譯

有自述, 楔子. 附錄有 1. 譯名集註 2. 關於作者 3. 參考書目.

每章末並有作者原註。計 549頁, 9篇. 24章. 126節。

初版 53.12.10 再版 54.8.1　　協志工業叢書.

37. 西洋哲學史話　　威爾·杜蘭原著 1926.

許大成. 董昭輝. 邱煥堂. 李雲珍 合譯

有譯序及序言各一. 有目錄並附字彙集解。 496頁. 11章83節

結論一篇.　初版 46.11.25　六版 53.6.15　協志工業

38. 饗宴　　柏拉圖著 吳錫澤譯 53年.

序. 前序(26 pages). 共133頁, 章末附註　初版53.9.5.

39. 科學對社會的影响　　羅素著　鄧宗培譯

七章, 八十頁, 章後附註.　　(共.

40. 人類的故事　　房龍著 1926.

譯序、增訂版序. 自序 1-6.　　吳奚真譯 1957

目次 1-6, 插圖目次 7-15. 共471頁, 71章 (末後7章由其兒子補筆

文星

1. 怎樣判別是非　　殷海光 著
再版前記及前言，有目次，共79頁八章，最末一章為參考書目。
初版 48.1.　再版 51.9.　文星叢書 第二冊

2. 青年和人生觀　　徐道鄰 著
序、導言各一篇，有目次，共80頁七章。
初版 47.11.　再版 54.5.　文星叢書 第一冊

3. 思想與方法　　殷海光 著
序引一，有目次，341頁，分兩部(導論部、專論部)，13章，每章後有註釋。　初版 53.10.1　三版 54.11.1

4. 記號學導論　　何秀煌 著
序言一，有目錄，索引分兩部(中文的及英文的)，共311頁17章分四部，每章之後有習題。　初版 54.3.1

Logic

58. 邏輯新引　　有目次，　　殷海光 著

編者識.前言.各一，共184頁.分20次，採用對話体裁。

7版 54.7.　　亞洲出版社.出版

59. 邏輯導論　　Andrew H. Bachhuber, S.J. 著　　1957

曾子友譯

譯序.著者序各一　附錄、1.符號邏輯簡評　2.多方精選的測驗樣式。計326頁，16章68節.分成五部。

世界書局發行

60. Introduction to Logic　Alfred Tarski 著

[& to The Methodology of Deductive Sciences]

序 Preface & another. each one,　有 tables of contents,

附錄有: suggested reading, index。　全書共239頁,

分為 Two parts, 10 chapters, (章末有 Exercise), & 65節。

亞東書局發行.

Logic

56. 邏輯　　　　　　　　　　　　　金岳霖著

分為四部．（介紹 P.M. 系統）共362頁．　　　商務"大學叢書"．

36、類論梗概　　　　包姆加脫納著　鄭朴譯

只有目次，計102頁，4章36節。　在万有文庫薈要0493

商務（万有文庫薈要）

6II. 算理哲學（上.下）　羅素原著
著者原序.原出版者弁言各一。　傅種孫.张邦銘 譯
有目次，附錄「中英名詞對照表」。章末有註釋.（著者原注及譯者註）共343頁 18章. 在万有文庫薈要 0..
(1919)

62. 代数學一次方程式　林鶴一.高野泰藏 著 崔朝慶
有序言.目次.附錄「問題之答及解法指南」。計 22 前.後兩篇，八章 37節，八個「問題」。在万有文庫薈要 04

63. 代数學二次方程式　林鶴一.伊藤新重郎 著 鄭心南
只有目次，共160頁 七章，八個「練習問題」.附錄「答及解法指針」。
在万有文庫薈要 0483

64. 從代数到微積　鄭朴 編譯
有目次，計 154頁，29章 数學論述。無習題！
在万有文庫薈要 0491

65. 微積分發凡　鄭朴 著
只有目次，計 147頁，3章 18節. 附錄「微積算法應用示例」 1. 曲线之長 2. 面積及体積 3. 擺錘之研究. 4. 極端值之实用。　在万有文庫薈要 0492

自由太平洋叢書

6. 中國現代人物　　　　吳相湘著

有目錄，無序文。書後有作者及本書簡介。內容共193頁，傳記短文14篇。　　編入自由太平洋叢書之8.

初版 54.5.20

7. 到那裡去看民主　　　　李聲庭著

26篇論文，共151頁。　　編号10.

8. 人物與政治　　　　宋文明著

八章，共176頁，論美國、法國、教宗等政治人物。　　編号16.

9. 近代政治人物論叢　　　　沈雲龍著

13篇論文，151頁，中國近代政治人物。　　編号22

10. 近代史事與人物　　　　沈雲龍著

83篇文章，166頁。近代史。　　編号28

11. 外交人物與其他　　　　吳本中著

33篇論文，156頁。　　編号31

711. 思想解放史話　　房龍（Vanloon）原著 1921年
譯者弁言，作者楔子．有插圖八幅、及目錄。共222頁．
分30章　　大衆書局翻印（54.7.初版）.

Logic & Semiotic

. Foundamentals of Logic by James D. Carney, Richard K. Scheer
-three parts, Ninteen chapter. and Appendix.
474 pages. and Subject Index, Index of Names. ($55)

. Methods of Logic by Quine
Preface, Introduction, Five Parts, 42 chapters,
Billiography at p.253, Index at p.259. all 272 pages ($35

Principles of Mathematical Logic
(Translated From the Germany) by Hilbert, Ackerman.

ditor's preface, Preface to 1st and 2nd Edition (German)
troduction, five parts, 34 sections, Editor's notes at p.165
ibliography at 167. Index at 171. all 172 pages ($17)

Apllied Logic by Little, Wilson, Moore.

Preface, To the Student, four parts, 33 chapters,
(PH Exercises). Appendix — Special Aids at p.343.
Index at p.345 ($64)

Semantic and the philosophy of Language
Edited by Linsky

協志叢書

40+1. 西洋教育史 （上、下兩冊） 克伯萊著 1920年
引言 1-10，原序 1-3，正文 907，譯名對照表 38. 楊亮功譯 1965年.
文獻、圖解各一，共有4部，29章及結論(30篇)，章末有註、參考書、
問題及補充讀物。

40+2. 公司為什麼會倒閉 畠山芳雄著
5部分：序、後記、向即將就業的人進一言. 鄭慶昭譯 1963.
全文130頁. 55節

40+3. 論自由及論代議政治 J.S. Mill 著
論自由（嚴譯"群己權界論"）. 5章. 1-104，郭志嵩譯
計104頁。 論代議政治 18章，105—319，計215頁.
作者簡介 1-7. 序(兩篇)：1-2，1-3.

10. ~~Word and Object~~ From a logical point of view by Quine

Preface, Nine Essays, Original of Essays at p.

Bibliographical referance at p. 171. Index at p. 179.

all 184 pages. ($14)

11. Word and object by Quine

Preface, Seven Chapters, 56 sections,

Bibliographical reference. at p. 277. Index at 287.

all 294 pages. ($35).

12. Logic, Techniques of Formal Reasoning, by Kalish, Montague.

Preface. nine chapters. Bibliography at 341, Indexes at

Suggested Readings by Tarski after p.350. ($35)

13. Introduction to Mathematical logic. Vol. 1 by. Church.

preface, Introduction (all 68 pages, nine sections).

five chapters, 59 sections, (附 Exercises).

Index of Definitions at p. 357, Index of Authors at p. 373, Errata

at. p.377. all 378 pages ($35).

Preface, 14 chapters, Bibliography at p. 287 (#36)
all 289 pages

36. Introduction to Logic by Suppes all 312 pages ~~all 287 pages~~
Preface, Two parts, 12 chapters, Index at p. 307 (# 28

37. Language, Truth and Logic by A.J. Ayer
Introduction (22 pages). preface to 1st Edition,
all eight chapters. Index at p. 155 all 160 pages (#14)

38. Readings in Philosophical Analysis
selected and Edited by Feigl,
Sellars.
Preface, Acknowledgements, Introduction (at p. 3), eight parts
41 compositions, Suggest Reading: Books (at p. 619) articles
(at p. 621) all 626 pages (# 56)

39. Readings in the Philosoph of Science
Selected and Edited by Feigl,
Brodbeck.
Preface, Introductory (at p. 3 and p. 8). Eight parts,
50 articles, Selected Bibliography at p. 783.
Name Index at p. 801 Subject Index at p. 807

D4. Introduction to Logic by Irving M. Copi
2nd edition (1961) Three parts. 14 chapters.
Index after p.501 all 512 pages with exercises. ($28)

D5. Thinking Things Through by MAYLON H. HEPP
(AN INTRODUCTION TO LOGIC)
31 Chs. with Index of Symbols (p.445)
445 pages. General index (p.446) ($38)

D6. Introduction to Mathematical Philosophy
all 208 pages, 18 chapters. By Bertrand Russel ($:

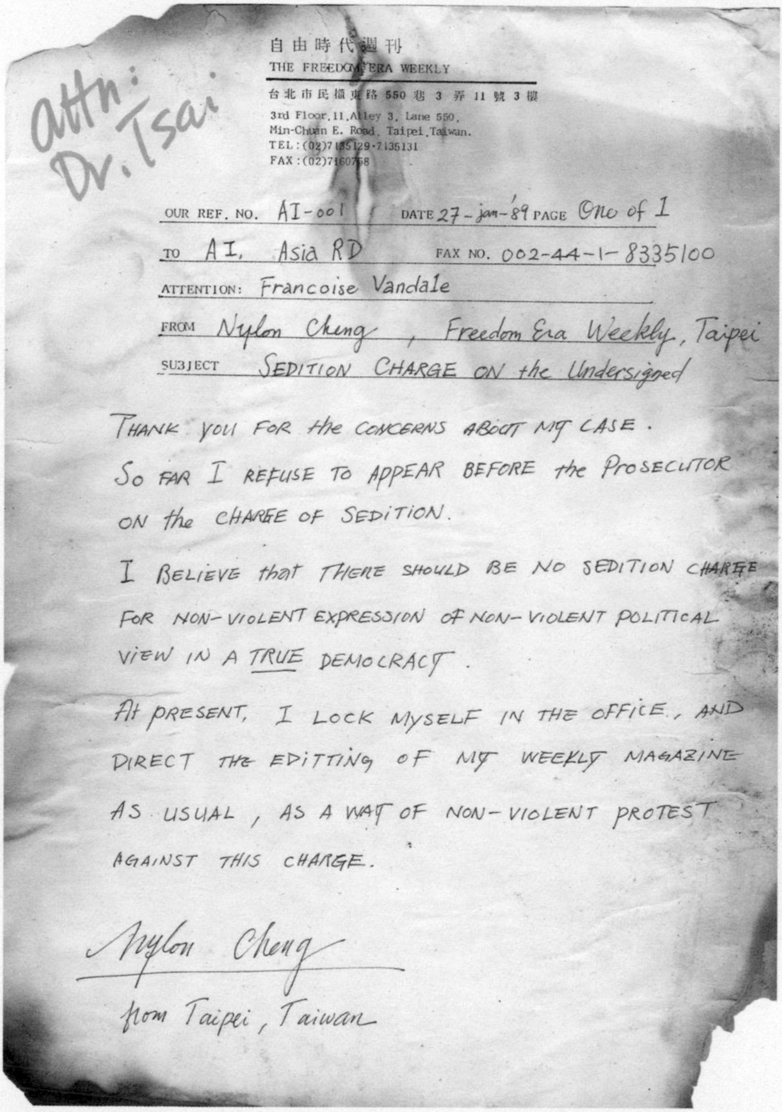

Attn: Dr. Tsai

自由時代週刊
THE FREEDOM ERA WEEKLY
台北市民權東路550巷3弄11號3樓
3rd Floor,11,Alley 3, Lane 550,
Min-Chuan E. Road, Taipei,Taiwan.
TEL:(02)7135129·7135131
FAX:(02)7160768

OUR REF. NO. AI-001 DATE 27-jan-'89 PAGE One of 1

TO AI, Asia RD FAX NO. 002-44-1-8335100

ATTENTION: Francoise Vandale

FROM Nylon Cheng, Freedom Era Weekly, Taipei

SUBJECT SEDITION CHARGE ON the Undersigned

THANK YOU FOR the CONCERNS ABOUT MY CASE.

So FAR I REFUSE TO APPEAR BEFORE the PROSECUTOR ON the CHARGE OF SEDITION.

I BELIEVE that THERE SHOULD BE NO SEDITION CHARGE FOR NON-VIOLENT EXPRESSION OF NON-VIOLENT POLITICAL VIEW IN A TRUE DEMOCRACY.

At PRESENT, I LOCK MYSELF IN THE OFFICE, AND DIRECT THE EDITTING OF MY WEEKLY MAGAZINE AS USUAL, AS A WAY OF NON-VIOLENT PROTEST AGAINST THIS CHARGE.

Nylon Cheng
from Taipei, Taiwan

1989年1月27日鄭南榕回應國際特赦組織親筆傳真信函。(鄭南榕紀念館館藏提供)

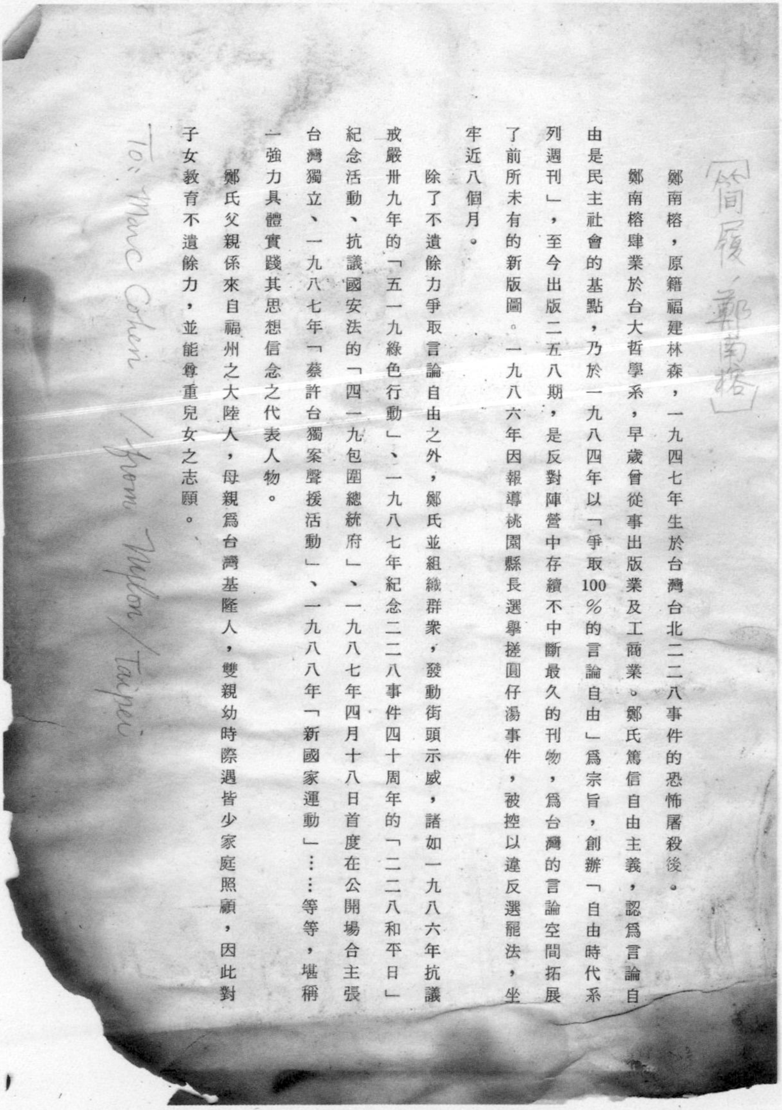

〔簡履／鄭南榕〕

鄭南榕，原籍福建林森，一九四七年生於台灣台北二二八事件的恐怖屠殺後。

鄭南榕肄業於台大哲學系，早歲曾從事出版業及工商業。鄭氏篤信自由主義，認爲言論自由是民主社會的基點，乃於一九八四年以「爭取100%的言論自由」爲宗旨，創辦「自由時代系列週刊」，至今出版二五八期，是反對陣營中存續不中斷最久的刊物，爲台灣的言論空間拓展了前所未有的新版圖。一九八六年因報導桃園縣長選舉搓圓仔湯事件，被控以違反選罷法，坐牢近八個月。

除了不遺餘力爭取言論自由之外，鄭氏並組織群衆，發動街頭示威，諸如一九八六年抗議戒嚴卅九年的「五一九綠色行動」、一九八七年紀念二二八事件四十周年的「二二八和平日」紀念活動、抗議國安法的「四一九包圍總統府」、一九八七年四月十八日首度在公開場合主張台灣獨立、一九八七年「蔡許台獨案聲援活動」、一九八八年「新國家運動」……等等，堪稱一強力具體實踐其思想信念之代表人物。

鄭氏父親係來自福州之大陸人，母親爲台灣基隆人，雙親幼時際遇皆少家庭照顧，因此對子女教育不遺餘力，並能尊重兒女之志願。

To: Marc Cohen / from Nylon / Taipei

1988 年鄭南榕親筆簽名傳真給 FAPA 的簡履。（鄭南榕紀念館館藏提供）

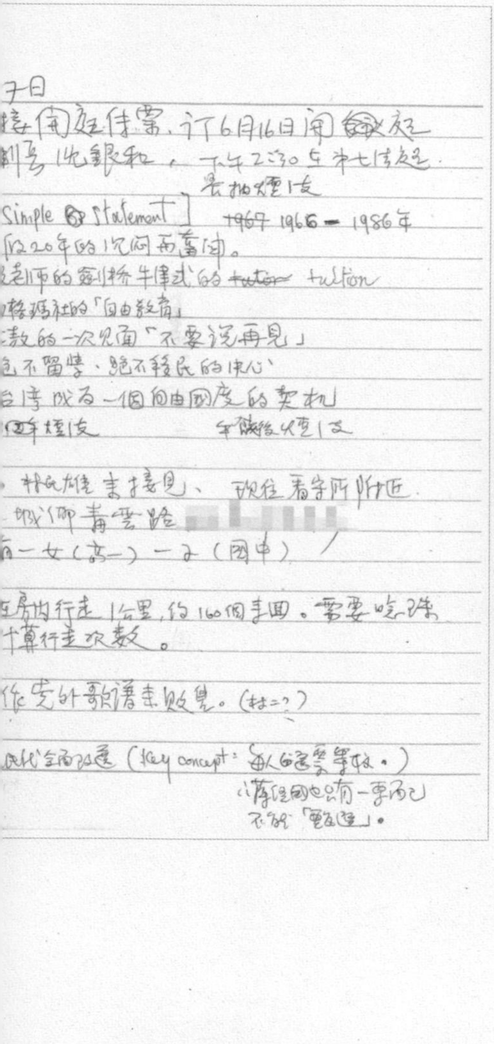

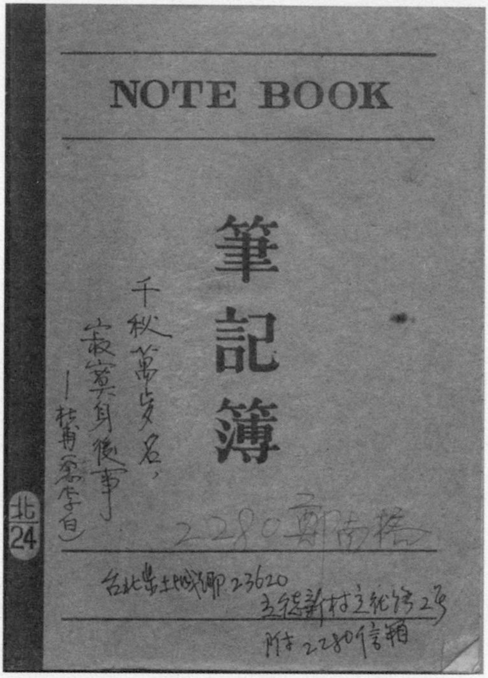

上　鄭南榕獄中日記封面，寫著坐牢編號 2280 及「千秋萬歲名、寂寞身後事」。(鄭南榕紀念館館藏提供)

左　鄭南榕獄中日記：「台灣成為一個自由國度的契機。」(鄭南榕紀念館館藏提供)

鄭欽仁教授手書「臺灣魂」橫幅。(鄭南榕紀念館館藏提供)

平日說明會

228和平日促進会
記者招待会
228
鄭南榕
陳永興

1989年底，葉菊蘭競選台北市南區立法委員，訴求是「陪我打一場母親的聖戰」。葉菊蘭正在幫女兒竹梅綁新國家運動頭巾。(曾文邦攝影)

右上 1987年2月21日葉菊蘭（左三）與江鵬堅（左二）、鄭南榕（左一）在三重明志國中二二八演講會。（邱萬興攝影）

右下 二二八和平日促進會會長陳永興（中）、副會長李勝雄（右）、秘書長鄭南榕（左）。（鄭南榕紀念館館藏提供）

1947 年 4 月 28 日，黃榮燦在上海《文匯報》發表《恐怖的檢查——台灣二二八事件》木刻版畫作品，這件原作，現在收藏於日本神奈川縣立近代美術館。

1952 年 11 月 14 日，版畫家黃榮燦在台北馬場町慘遭槍決，含冤慘死，年僅三十二歲。（邱萬興提供）

一個外省孤魂就這樣淒涼躺在台北六張犁亂葬崗，直到 1993 年才被偶然發現。（黃榮燦墓碑於右下角）（邱萬興提供）

台北市六張犁「戒嚴時期政治受難者紀念公園」，第一墓區的黃榮燦墓碑，上面寫著歿於民國 41 年 11 月 14 日。（邱萬興提供）

民主進步黨主席 江鵬堅問政精華

選票代替子彈

•（透過劃撥購買　作者簽名致謝）　附贈作者另著（任選一種，送完爲止）

1.不信公義喚不回　2.人權萬歲　3.人權手冊

義賣所得・推展黨務

定價　250元

出土政治冤案

台灣1947——1985

國民黨統治台灣四十年政治檔案大公開，身爲台灣人不可不讀！

林樹枝歷劫歸來、嘔心瀝血之作

——臺灣的巴士底獄

●定價／200元

義賣所得・推展黨務

228事件40周年紀念行動

二二八和平宣言

四十年來，「二二八」事件像一片烏雲，縷縷的冤魂凄緊不散；又像你我心底的陰影，掩著我們最深刻的創傷。屈不得直，冤不得伸，眞相不得大白。四十年來，死者無法安息，生者難以平安；這個島上因此沒有眞正的和平。

但是「和平」——統治者與被統治者，本地人與外省人之間的和平——正是這個島上最重要的生存基礎。

因此，「二二八事件」發生的第四十週年，我們呼籲全島住民共同來紀念這個日子，並祈求和平早日降臨在台灣島上。我們呼籲公佈眞相，平反冤屈，讓死者的冤魂得以安息，讓生者的心靈得以平安，也讓這個島上的住民，得以因瞭解而諒解，因諒解而和解，因爲和解就是邁向和平的開端。

我們懇切地向島上的每一位住民發出這個訊息：在第四十週年的「二二八」，請讓我們以「和平」來紀念它，並訂定這一天爲「和平日」。

二二八和平日促進會　會長陳永興

「二二八和平日促進會」公告

一九八七年二月六日

■宗　　旨：

紀念二二八事件，促成公布眞相、平反冤曲，並訂立二月廿八日爲和平日。

■參加單位：

台灣人權促進會、台灣基督長老教會北區聯合新樓會……等三十個團體，並歡迎其他團體繼續加入。

■活動項目：

1.分區舉辦大型演講會
2.和平遊行
3.舉辦座談會
4.默禱
5.受難人祭拜典禮及追思禮拜
6.受害者及遺族登記
7.史料、圖書展覽
8.每人一信要求釋放政治犯
9.成立二二八事件史料紀念館
10.出版專書
11.徵求紀念歌
12.其它

■成立日期：

一九八七年二月四日

■本會通訊：

會址：台北市民權東路五五〇巷三弄十一號三F

電話：（〇二）七一三五一二九
　　　　　　七一三五一三一

傳眞電話號碼：（〇二）七一六〇七五八

各界捐款敬請使用郵政劃撥帳號：

〇七一六六九八－二　鄭南榕

或與本會聯絡

228

會　長　陳永興

副會長　李勝雄　敬上

秘書長　鄭南榕

1987年2月14日的《民進報》試刊號的第四版廣告，刊登「二二八事件四十週年紀念行動」的和平宣言消息。（邱萬興提供）

1987 年 2 月 28 日，為了紀念二二八事件四十週年，上萬民眾舉著鮮花，跟隨著民進黨創黨主席江鵬堅率領的遊行隊伍到淡水河十三號水門，祭拜二二八冤死英魂。（邱萬興提供）

目錄

第三章　在名單之外

推薦序

「二二八」七十週年感言

陳永興（醫師、民報發行人）

一九八七年二月十三日，我和李勝雄、鄭南榕在濟南路台大校友會館，召開記者會宣布成立「二二八和平日促進會」，提出幾項訴求：

一·要求政府公布二二八真相和史料，公開道歉。

二·對二二八受難者家屬給予平反賠償與安慰。

三·建立二二八紀念碑或紀念館，舉行二二八紀念儀式或追思活動。

四·制訂二二八為國定紀念日。

五·將二二八史實列入教材，避免下一代再發生二二八不幸悲劇。

當時戒嚴尚未解除，我們集結海內外五十六個團體及各地關心二二八的民眾，在台灣各縣市展開了二十多場公開紀念二二八的活動。這是二二八事件發生四十年後，首次突破歷史禁忌走出二二八的陰影，雖然每場活動都被鎮暴部隊包圍，棍棒交加之下我們衝破重圍在各縣市演講和遊行，對台灣社會帶來的衝擊和震撼，雖然已過三十年，我仍可以用膽顫心驚、生死瞬間來形容當時的緊張氣氛。

許多二二八受難家屬躲在牆角下拭淚掩面，不敢相信台灣近代歷史上最大悲劇，會有被平反的一天。我的親人朋友也都擔心我的安危，但我作為一個台灣的精神科醫師，深知自己作的是為台灣整體社會治療憂傷復健苦痛心靈必經的路途，為了公義只能克服自己的恐懼，才能治療台灣民眾集體的恐懼和受傷的心靈。

至於李勝雄律師為什麼願意和我一起承擔台灣人的十字架，應有他的宗教信仰和法律良知在內心深處支撐；而鄭南榕呢？被稱為行動哲學家的他，為什麼也視死如歸？願意承擔二二八的歷史苦難，為台灣人尋求走出陰影之路，或許這本書能提供讀者更多的探索和了解。

現在二二八已屆七十週年紀念的時刻，回想一九八七年紀念二二八事件四十週年時，我們所作的一切，是否真的已讓台灣苦難社會的轉型正義第一個案例，徹底落實而遍開公義的花朵？恐怕還有很多值得反省思考的空間。我樂見本書的出版，謹提供些許心聲，讓更多年輕世代繼續努力走向台灣的未來！

推薦序

每一個人不是受害者就是加害者

李勝雄（律師、全國律師聯合會二二八司法公義金主任委員）

希特勒納粹屠殺數百萬猶太人時陣，勇敢挺身而出的馬丁．尼莫勒（Martin Nièmöller）即發出警醒名言：「當我在其他與我無關的人被追殺時，我保持中立，沉默不語。當我自己被追殺時，再也沒有人為我說話。」

二二八事件發生中，許多台灣菁英及無辜平民被慘殺，甚至屍體無存。當時，台灣社會大多人民不敢站出來發聲打抱不平，只求自保不語，以致中國國民黨繼續以高壓之戒嚴統治，使全體台灣人民人權受迫害多年，都成為「名單之外」的受害者。就如美國林肯總統解放黑奴之前，大多黑人仍做奴隸而甘之如飴，只顧自己溫飽而已。

甚至，有不少台灣人加入加害者行列，同流合污，助紂為虐，或是有斯德哥爾摩症發作，由受害人變身為加害者，亦是另一類更嚴重如患了絕症不自知，不就醫，而食用使絕症惡化的毒藥一樣的受害人。

鄭南榕烈士與其他有識之士，深知自己及台灣人民也是「名單之外」的受害者，都是需要受醫治的重病患，乃發起爭取百分之百言論自由及追求台灣獨立的二二八和平日運動。最後，自己以身作則，有如無罪的耶穌替人捨命，而自焚犧牲，換來今日台灣全民享有解除戒嚴後的百分之百言論自由，亦促使台灣人民有成立新而獨立的國家的自由意志及行動。

每一個人都生而平等、自由、有尊嚴，別人受人權迫害時，自己都可能是下一個受害者，亦可能成為加害者。所以，以色列歷史學者耶胡達．巴爾（Yehuda Bauer）為納粹屠殺猶太人的歷史教訓，所下的結論：「不要做加害者，不要做受害者，尤其是，永遠不要做旁觀者。」也是為《名單之外》專書的讀者及全體台灣人民的最佳啟示：對任何侵害人權事件，不能袖手旁觀，必須挺身而出，才能不做受害者，也不做加害者。

第一章

述說二二八與那年出生的他

我曾如此閱讀二二八

■楊翠（學者）

靈魂重生的產聲

二〇一六年歲末，第一道沁寒冷鋒中，傳來二二八遺族阮美姝女士辭世的消息。

二十五年前，通過阮女士，我近距離看見二二八歷史的殘酷細節，聞見鋪天蓋地的血腥氣味。與阮女士進行口述訪談的那些時光，受難家屬的深沉傷痛，分分秒秒爬上我的肌膚，刺擊我的靈魂。

二二八，這組在當年連專業的歷史系學生都幾乎完全陌生的數字，阮女士為我揭露了它的歷史實存。那是一九九一年，解嚴前後民間關於二二八事件的平反行動開始啟動不久，要求國民黨政府公開史料、公布真相的呼聲正熾，學術研究也已經起步。而我，是一個剛剛從歷史學研究所拿到碩士學位，但對二二八事件仍然所知甚少的報紙副刊編輯，在張炎憲與李筱峰兩位長期致力於二二八歷史建構的友人推薦下，阮美姝女士找到我，請託我幫她撰寫口述史，紀錄父親阮朝日的遭遇，以及她尋找父親的漫長心路。

從一九九一年九月到一九九二年一月，我們密集口訪，輔以阮女士以日文、英文、中文、台語混寫的大綱、紙片、斷稿，二月，口述史完成，《孤寂煎熬四十五年》出版。

《孤寂煎熬四十五年》可以說是二二八遺族完整口述史的初聲，然而，對阮女士而言，它不僅止於一本口述史。《孤寂煎熬四十五年》的記憶追索，既是公共史、集體史的建構，更是家族史的探索，也是父女情感的追憶，更是二二八遺族的自我療癒過程。

第一次與阮女士見面，在自立報社地下室的聯誼廳，那年她六十三歲，我二十九歲。報社通知有客來訪，我走進聯誼廳，瘦小的阮女士，正側頭凝視著入口處，我對她的第一印象，是眼神澄澈堅定，彷彿要穿透我的靈魂，檢視這名陌生的年輕女子，是否如張炎憲、李筱峰兩位友人那般溫暖可信。

直到訪談全部結束，我才能完全理解，最初那一道檢視我的眼神中，隱含著多少傷痛、恐懼、猜疑、決斷、信賴。四十幾年來受盡苦楚卻只能壓抑潛藏的二二八遺族，堅心決意要對一個人掀開傷口，說出一切，她所需要的，不只是自己的勇氣，還要能夠確認，坐在她對面的這個人，是可以信賴的聆聽者。

而我，則是首次以如此貼近的距離、痛入骨髓的方式，翻開禁忌的傷痛史頁。隔著一張小桌子，掩埋將近半世紀的傷口，穿越時空重現，痛感如新。阮女士一開口就哽咽，全程流著眼淚，講說父親的失蹤，以及她對父親的思念，她說話速率很快，音調清揚急促，幾乎沒有換氣，彷彿要把深藏四十幾年的鬱結傷痛，一次全部掏出。

直到現在，我都還記得，第一次如此靠近陪伴一個二二八遺族無法停止的淚水，除了握住她的手，我無法多做什麼。幾乎就在阮女士哽咽落淚的第一刻，我就決定了，要陪她一起把口述史完成。

阮女士第一次在陌生的我面前流下的眼淚，讓我知道，就在我走進聯誼廳，與她眼神交會的那一刻，她就以自己傷痕累累的敏感神經辨識了我，肯認了我，確信我是可以讓她放心流出眼淚的傾聽者。其後三個多月的密集口訪中，阮女士總是一開口就流淚，我們還商量著，在《孤寂煎熬四十五年》中寫上一篇關於「愛哭仙」的故事，這不是自嘲，而是疼痛的自我揭露。

對二二八受難者家屬而言，能夠放心地流下眼淚，放心地將傷口展示在眾人面前，放心地訴說自己的故事，是一件艱難的事。對他們而言，這個社會長期充滿拒絕和歧視，只是想要敞開胸懷大聲哭泣，這麼簡單的事，他們都幾乎等待了一輩子。

對於我們來說，陪伴流淚，傾聽說話，是一種見證。挪威文學家雅各布．盧特（Jakob Lothe，一九五〇—）說，「見證」，是一種溝通與傳遞，而這種溝通與傳遞，往往是採取「敘說」的方式；未曾向他人說出來的證詞，不是證詞。

療癒需要見證，見證需要敘說與聆聽。創痛，尤其是政治暴力所施加的創痛，必須「說出口」，透過重複述說，獲得第三者的見證，使個體記憶傳遞流動，衍繹成為複數的集體記憶，如此，創傷才能獲得他人理解，創痛主體才能得到療癒。

短短不到四個月間，我見證了阮女士如何堅毅地進出歷史與現實的甬道，見證了一個二二八遺族的自我療癒過程，我理解到，她對苦痛記憶的召喚與敘說，都是靈魂掙扎重生的產聲。

二〇一六，深秋入冬，二二八事件七十週年前夕，阮女士安靜走離人間。二十五年前，我曾見證過的受苦靈魂的重生之聲，因為被遺忘而顯得幽細隱微，然而細心尋繹，你會發現那一縷重生之聲仍然不絕於耳，堅定地敲擊著這個冷漠社會的高牆，扣問我們，是否願意用心諦聽。

記憶封固，悲劇增生

時令的春天，花香鳥語，但人間的春天，卻可能是冷雪黑霧。一九四七年二月，台灣遭逢史上最荒寒的春天，殘酷政權化身晚來年獸，吞噬全島，無數生命被剝奪，更多生命悲慟終生，無以平復。一九八一年，陳芳明曾寫下〈父親．一九四七〉，以母親褥血與屠殺血腥、春耕生機與遍地死亡，生與死的交雜糾結，演繹二二八事件的死亡意象，深刻入木；詩中有言：

春耕還未開始
墓草已遍植滿地
父親以悸動的聲音說
啊！歉收的一九四七
已提早有了死亡的豐收

然而，最深邃的傷痛銘刻，並不是事件本身，也不是死亡本身，而是這些關於暴力、剝奪、死亡的記憶被強行關閉，傷痛被粗暴封印，而痛感卻無限延宕，增生繁殖，永無止境，然而，整個社會，卻是無波無瀾，彷佛這一切都不曾發生過。這是一場加害者、見證者都缺位的事件，受苦者因而被抹消了存在感，傷痛沒有見證者，療程無以啟動。

國民黨政府長期掌控二二八事件的歷史解釋權，先以「叛亂」定調事件性質，再以禁制手段，全面封鎖二二八歷史記憶。

從事件開始爆發，國府便不斷運用廣播、報紙、出版等宣傳管道，進行「詮釋權」的掌控。一九四七年三月十四日，當台中民兵隊伍「二七部隊」，還在埔里地區與國府軍二十一師對峙，國民黨就以「台灣省公路特別黨部」的名義，編印《日本殖民地教育與台灣「二・二八」事件》一文，以「民眾常識刊物」的形式發行。

這篇文章以「日本殖民統治的毒化與奴化」，定調二二八事件的爆發原因，此後成為官方主流一貫的二二八史觀。該文不僅把二二八事件歸因於日本殖民統治，還清算了台灣人民「缺乏國家觀念與民族意識」，不知感恩：

> 過去五十一年來，台民受日本壓迫之痛苦，真是慘絕人寰，世所未有，是以有些對於自家兄弟也模糊了，對祖國之一切也忘掉了，並且誤認外省同胞為敵人了，受著日本之毒化而不自知。但是，台胞過去所受之種種痛苦，卻隨祖國重大犧牲，八年抗戰勝利而消除，自日本帝國主義者倒台之後，台胞乃由日本殖民地之地位，一躍而為中華民國之國民，得著世人所未曾有之便宜與辛（按：幸）福。……台胞受祖國之保護所得到之幸福快樂，可謂達於極點了。

這雖說是一份有特定目的文宣品，然而，國民政府以「祖國」的代表者、台灣人民的拯救者自居，並且視台灣人民為被拯救者、不勞而獲者、背叛者，這種傲慢的「遷佔者政權」、類殖民統治的心態，如實揭露。

緊接著，三月二十七日，當時擔任國防部長的白崇禧，向台灣民眾廣播說話，廣播詞中，仍然將事件原因歸咎於日本殖民統治、共產黨、台灣人，就是沒有國民政府本身的問題：「日人對台灣褊狹的惡性教育……這是暴動的遠因……中國共產黨在國內惡意宣傳，」而台灣同胞「其企圖直欲推翻政府，奪取政權。其行動極為褊狹殘忍。」

同時，三月，國防部新聞局《掃蕩週報社》編印出版《台灣二二八事變始末記》；二二八事件時擔任參謀長的柯遠芬，也由《台灣新生報》出版《事變十日記》；四月底，台灣省行政長官公署新聞室編印出版《台灣暴動事件紀實》。以《台灣二二八事變始末記》為例，開宗明義就把台灣人民痛罵一頓：

這次事變，與其說是因緝私煙而起，不如說：緝煙事件僅是導火線。與其說是：台灣同胞對政治有什麼不滿，不如說是：奸黨流氓和野心政治家的蠢動。與其說是：有多大的野心，不如說是：日本帝國主義五十一年來奴化教育下的遺毒。

……如果以春秋責備賢者筆法來寫：是陳長官自蒞台以來，對得起台灣同胞；台灣同胞對不起陳長官。

卷末更引用白崇禧的廣播詞，證明台灣人民如何「對不起陳長官」。在國共鬥爭中已經灰頭土臉節節敗退的國民黨，不惜騰出餘力，積極動員黨政軍，快速編印出版各種「始末」、「紀實」文宣，以徹底掌控歷史解釋權，定位二二八事變的「屬性」，鞏固在台灣的統治政權，把「台灣同胞」塗抹為殘忍、褊狹、毒化、奴性、不仁不義、不知感恩。

這樣的「祖國」，心胸狹隘可見一斑。「始末」、「紀實」建構出一套二二八事件的歷史詮釋模式，深植「叛亂」的罪名標籤，其後，國府再以全面封禁的手法，無論哪個層級的歷史教科書中都沒有記載，相關的學術研究闕如，學院歷史專業科系也對此一無所知。二二八事件不僅從主流的歷史敘事中消音，民間記憶也被迫噤聲，漫長的三十八年戒嚴，在國民黨一黨獨大的黨國教化詮釋系統長期主導下，二二八事件的歷史真相，深鎖威權體制的暗箱中，掩埋在驚懼民眾的心室底層。

於是，悲劇增生悲劇。國府接收台灣後的統治惡行是悲劇，二二八事件的血腥屠殺是悲劇，台灣社會因為害怕「揭露」與「對立」，而假裝沒事，粉飾太平，更是悲劇的共謀者與再製者。受難者和他們的家屬，在社會長期敵意的氛圍中，不准說話，無法哭泣，更讓創傷不斷增生、變形、深化。

沒有經過揭露，問題無法解決，沒有經過對立，就不能談和解。這麼淺顯的道理，被魔咒封印的台灣社會，整整花了將近四十年，才終於能有一點點理解。

青苔，終於燃燒了起來

阮美姝女士以二二八遺族的身分，在一九九一年挺身而出，揭示了再頑強的魔咒，也終有破除的一天，人間還是充滿希望。

當然，希望的光隙穿透暗雲黑霧，並非一朝一夕。光隙，總是如青苔般悄悄滋生，偷偷茁長，終而覆滿高牆。跨越語言世代作家林亨泰寫於一九四〇年代的詩作〈群眾〉，素描了群眾從個體到群體、從蟄伏到反抗，這種安靜、緩慢，卻又堅定強韌的生存姿態：

青苔　看透一切地
坐在石頭上　久矣

青苔　從雨滴
吸吮營養之糧　久矣
在陽光不到的陰影裡
綠色的圖案
從闇祕的生活中　偷偷製造著
成千上萬　無窮無盡
把護城河著色
把城門包圍　把城壁攀登
把兵營甍瓦覆沒
青苔　終於燃燒了起來

這首詩的節奏，先後遲緩如定格，繼而快板，最後是極快板，青苔，從等待、偷偷製造，到著色、包圍、攀登、覆沒、燃燒，正是群眾解除魔咒封印，在幽微暗影間，悄悄吐露光隙，然後成群結隊，終而憤怒發聲的一連串過程。

一九七〇年代，戰後台灣重生的青春期，始於保釣運動，終於美麗島事件，社會破冰，「二二八事件」的歷史禁忌，也逐漸浮出冰層水面。一九八〇年代，戰後台灣的狂飆期，始於美麗島大審判，終於鄭南榕自焚，青苔燃燒，民氣漫延，所有伏藏在島嶼暗黑角落的被壓迫靈魂，生者死者，成千上萬的光隙都奮力吐露，匯集成為銳利的時代強光。

解嚴前夕，一九八六年二月二十二日，「台灣人權促進會」舉辦「省籍與人權」座談會，會中首次公開正式紀念二二八事件；一九八七年，二二八追思活動公開化，「二二八和平日促進會」成立，展開全台巡迴演講；一九八九年八月，全台首座二二八紀念碑在嘉義市落成。青苔延燒到台灣史學界；唯有尋繹記憶、重構歷史，才能奪回被黨國教化詮釋系統長期掌控的歷史解釋權，翻轉被污名化的二二八抗暴史。一九八九年，陳芳明主編的《二二八事件學術論文集》出版，一九九一年，胡慧玲等主編的《二二八學術研討會論文集》出版。

青苔也能排山倒海，民間訴求歷史正義的呼聲，迫使行政院成立「二二八專案小組」，並開始蒐集國內外相關檔案與資料。張炎憲曾說，一九九一年，是二二八歷史記憶解凍與重構的關鍵一年，二二八歷史論述四方湧動、各方參與，史料輯錄、機密史料公開、大事紀重編等，在這一年都有飛躍的進展。

一九九一，就在這一年，二十九歲的我，同時密集展讀了百年台灣史最風雲激湧、最驚魂動魄的兩段史頁。這一年的前半年，我以日治時期台灣婦女解放運動為題，完成碩論，刻畫殖民時期台灣人民的抗鬥史；下半年，我結識阮美姝女士，撰寫二二八口述史，再現戰後台灣血跡斑斑的抗暴史與創傷史。

如是，我不到三十歲卻有了一個老靈魂，所有這些故事的主人翁，生者死者，他們的魂體，昂揚不屈的、隱忍受苦的、安靜等待的、掙扎重生的，都灌注我的生命之中，他們引領我，經由閱讀、聆聽、敘說，見證並傳遞繁複的島嶼歷史記憶。我覺悟到，這是一個漫長的行旅。

女性遺族的歷史承擔與承續

閱讀、敘寫二二八口述史，是最貼近的一種見證。以青苔漫生般的意志，民間二二八口述史，一九八〇年代以來陸續出現。一九八八年，二二八事件時擔任台中民兵隊伍「二七部隊」部隊長的鍾逸人，出版回憶錄《辛酸六十年》，後半段描述戰後台灣社會狀況，述及二二八事件經歷，引發輿論熱潮，六月出版，九月已印到第三版，坊間盜版書更是猖獗，可見民眾如何急切想要了解二二八史事。

一九九二年阮美姝女士的《孤寂煎熬四十五年》、《幽暗角落的泣聲》二書，是二二八遺族首次完整發聲。整個一九九〇年代，張炎憲帶領一群青年研究者，以地域、案件、人物為對象，大量展開二二八口述訪查。通過這些口述史，二二八事件不再是台灣人民毒化、奴性的惡果，而是一場人民抗暴的義舉，正如楊逵早在一九四七年三月九日，二二八事件當時就已寫下的〈二・二七慘案真因——台灣省民之哀訴——〉一文：

> 這次的起義並非突發的暴動，而是邇來的公憤的表現。這多麼不幸，同時多麼光榮。不幸者是以血洗血，光榮者是以此肅清弊政。

二二八事變，是台灣「民變」史上牽連地域最廣、人數最多、各語族均大量參與、死傷失蹤人數最多、精英階層參與並消失最多，造成的傷痕最深遽、影響最深廣長遠的一次事件。經由口述史的建構，二二八事件不只是一疊檔案資料，而是活生生的血淚故事，其中，二二八女性遺族的經歷，更逐漸被正面關注。一九九七年，沈秀華出版《查某人的二二八——政治寡婦的故事》，標幟著以受難者為主體的歷史敘說，開始轉移重心，向遺族們（大多數受難者是男性，遺族則以女性居多）探尋歷史記憶，以此重構台灣歷史圖景。

如若只看見事件當事人，歷史時間就停頓在一九四七年。事實上，事件之後的歷史，是由遺族來承擔與承續，特別是眾多的二二八政治寡婦，她們眼睜睜看著丈夫被抓走，四方尋找探問，甚至在台灣各個陳屍地點，尋屍、收屍，埋葬親人，養育子女，把記憶吞藏內心角落，四十幾年來獨自承受痛苦。

我永遠記得阮美姝女士談到她與母親到處去辨認父親屍體時的眼神，讓人不忍凝視。她說，每一具被殺害的屍體，都是神情痛苦、鮮血淋漓，甚至是肢體殘破的，有的頸脖割斷，有的腸破肚流，有的被丟入水中，腫脹腐爛，每一具都很淒慘恐怖，然而她們必須一一翻看辨認。

制憲國大代表、花蓮縣參議會議長張七郎，與他的兩個兒子張宗仁、張果仁，分別被捕，深夜一起被押解到鳳林郊外公墓槍斃，次日黃昏，張七郎的妻子詹金枝終於在公墓找到父子三人被遺棄的屍體，「張七郎受兩槍背貫前胸；張宗仁眼眶有層層密密傷痕，右手腕下骨折，亦受兩槍背貫前胸；張果仁，也是背貫前胸，受兩槍創，腹部更受劍刺，以致大腸外露。」

無論我們如何努力調度想像力，都無法趨近那悲慘絕倫的歷史場景；身為妻子與母親的詹金枝，用一部牛車，將三具沾滿鮮血與污泥的屍體，將她的丈夫與兒子被殘暴殺害的屍體，搬運回家，清洗乾淨，安葬於家宅後院。原來，二二八歷史的真相，不是台灣人民的毒化、奴性，而是祖國的殘忍、殺戮，是台灣人民的生命消亡、肉體被辱，是倖存者與遺族的靈魂煎熬。

受難家屬被迫承擔兩種難以忍受的「時間」，一種是親人離世後，生命荒寒的漫漫時間，一種卻是記憶永遠擱淺在親人受難那一刻的停格時間。陳黎一九八九年的詩作〈二月〉，寫出了事件「餘生者」記憶時間停格的生存狀態：

槍聲在黃昏的鳥群中消失

失蹤的父親的鞋子
失蹤的兒子的鞋子

在每一碗清晨的粥裡走回來的腳步聲
在每一盆傍晚的洗臉水裡走回來的腳步聲

失蹤的母親的黑髮
失蹤的女兒的黑髮

在異族的統治下反抗異族
在祖國的懷抱裡被祖國強暴

芒草。薊花。曠野。吶喊
失蹤的秋天的日曆
失蹤的春天的日曆

詩的首段，從「事件進行式的後段」寫起，槍聲、黃昏、鳥群，一場大屠殺後的荒寒情景，然後，父子、晨昏、母女、異族祖國、秋天春天，一再複寫，形成經驗的共感與時間的延宕，被槍聲暴力停格的鞋子，無法再發出「日常走回來的腳步聲」，而同樣被停格的黑髮，也擱淺在受害的時間裡。對被留下來的遺族而言，日曆失蹤，時間停止流動，日常生活被強權暴力塗寫、篡改，甚至抹消，而記憶與傷痛則被擱淺，恆常滯留在每個現實當下，時時可感，日日常新，永遠不會成為「過去」。

以文構史，敘說、聆聽、見證

口述歷史的見證，是一對一的，肌膚貼近，氣息相聞，而文學的見證，則是一種時代語境，一種生存狀態，就如陳黎的〈二月〉，幾乎寫出所有遺族的「餘生」狀態。

早在口述史還無法建構之前，就有不少作家，通過文學的藝術形式，偷偷地銘刻這段歷史，這些文學，既是悄悄蓄養燃燒能量的青苔，也是製造青苔的養份。這些作家們，擬想自己是行動者、餘生者、倖存者，他們因而既是歷史現身說法的敘說者，也是聆聽者與見證者。

事實上，呂赫若早在二二八事件爆發前夕所發表的小說〈冬夜〉中，就已經預言了，戰後腐敗的統治情境，終將引起一場漫天風暴。一九六八年，威權體制猶仍嚴峻，吳濁流卻堅定地完成《無花果》，全文近十一萬字，分三次在《台灣文藝》發表，第九章到第十三章描述戰後社會狀況，大約五萬字，並觸及二二八事件。《無花果》連載期間沒被查禁，但一九七〇年十月由林白出版社刊行單行本時，遭到警總查禁，一九八四年，美國的台灣人社團重印《無花果》，次年，這個新版本在台灣上市，又遭到查禁，直到解嚴後的一九八八年，《無花果》才得以正式公開流傳。吳濁流並非沒有料想到《無花果》將會遭遇的下場，即使如此，為了不讓歷史被扭曲掩蓋，他仍然秉持良知寫下來：

……其中，對於二二八事件，卻不能不有所反省。最近痛切地感到的是，當時的新聞記者，一年比一年減少了。即使尚在人間的，不是轉業就是隱居，幾乎都已和筆絕緣。視野比較廣闊的新聞記者如果不執筆，將來這個事件的真相，恐被歪曲。

在二二八事件已過去二十年的今天，忘卻的固然不少，也有無論如何不能忘懷的，仍留在我的記憶中。我想追憶著這些不能忘懷的心影，把我所見所聞的二二八事件的真相率直地描寫出來。

一九七五年的《台灣連翹》，也是在這樣的覺悟下所寫。這部作品完成於吳濁流辭世前一年，他曾遺言，這本書必須在自己死後十年、甚至二十年才能印行，原稿以日文書寫，第九到十四章描寫戰後國府接收台灣的歷史見聞，其後由鍾肇政譯成中文，一九八四年在《台灣新文化》雜誌刊載，一九八七年出版單行本。

即使生命已經走到尾聲，吳濁流心心念念的，仍然是歷史不容抹消，他冒著生命危險所寫下來的，既是自己的親身見聞，更是一個時代的犀利浮雕。

小說中的二二八，男性作家經常以事件本身為題，書寫男性知識分子的抗鬥、逃亡、救贖，而女性作家則經常觸及女性遺族的「餘生」狀態與精神圖像。對我而言，它們同等重要，都是動人的創傷敘說與歷史見證。

一九四九年，事件的硝煙未消，葉石濤的小說〈三月的媽祖〉，首段以極長的敘事，演義主角律川正在逃亡的節奏感，急促、漫長、無法停歇，不知何時才是終點的逃亡語境，又以三個女人的身影疊合——肥胖娼妓、纖瘦妻子、農村婦女——傳達母性的救贖意象。

一九八四年，李喬發表〈泰姆山記〉，我認為幾乎可以稱為二二八小說的經典之作。小說以二二八事件時逃亡、白色恐怖時死於鹿窟的台灣作家呂赫若，做為主要角色余石基的範型，同時將鍾逸人、湯守仁等實際人物都寫進去，通過歷史人物的大匯串，虛虛實實，營造二二八事件的集體感，又以清朝的林爽文、日治的余清芳，演義三代殖民史、三代官逼民反的民變史。小說最精彩的是逃亡，余石基逃亡時帶著三公升的相思樹種子，逃向虛擬的泰姆山，台員的心肝，大地母親的子宮。小說終局，余石基與追殺的軍人都被毒死咬傷瀕死，但追殺者因憤怒不甘，毒性激發，神情扭曲而死，而余石基則坦然躺在母山胸懷，撒下一地相思樹種子，靜靜等候日頭昇起，陽光下安詳死去。〈泰姆山記〉以拼貼的手法，敘寫戰後台灣知識分子的抗鬥、藏躲、逃亡、死亡，並以逃向台灣的母親山與遍撒相思樹種子，隱喻在地重生的無限可能。

小說的見證，可以是知識分子、抗暴的行動者，也可以是完全與政治無涉的庶民大眾。林雙不一九八三年的〈黃素小編年〉，透過一個只想追求小確幸的年輕女性的荒謬遭遇，反襯出殘暴政權的不義，小說的歷史空間模糊，它可以是台灣任何一座農村，女主角黃素，也可以是任何一名待嫁的農村少女，她與母親出門備置嫁妝，想像著新婚成家的幸福生活，卻莫名被捲入一場亂局，做為嫁妝的菜刀，竟被指稱是凶刀，整個事件有如一場鬧劇。黃素被逮捕、判死刑，被折磨得半死後獲釋，卻已經遠離幸福，終而發狂，走向死亡。〈黃素小編年〉以平凡逆寫荒謬，以日常幸福的想像，反寫大時代的不幸，簡單樸素，卻鮮活如實，就像是在你我身邊發生的鄰家女孩的故事。

一九八九年，女作家陳燁發表台灣第一部二二八長篇小說《泥河》，以三個段落，如三稜鏡一般，多元映照出二二八事件當事人與餘生者的複雜生命經驗；第一段「霧濃河岸」，透過女主角城真華對二二八失蹤的愛人林炳國的追念及夢憶，今／昔、虛／實錯織，繪寫傷痛的無限延伸；第二段「泥河」，以第二代林正森為主軸，象徵歷史泥沼的深厚沉重，以及歷史悲劇的世代延續；第三段「明日在大河彼岸」，寫林炳國的堂弟林炳城，當年參與者之一，如何尋求救贖的通路。小說中以「霧濃河岸」喻寫二二八事件中的女性記憶圖景及等待情境，城真華，為了一個她不理解的事件，成為終生的等待者，猶如陳黎〈二月〉中的餘生者一般，失去了一九四七年春天以後的所有日曆，生命永遠擱淺停格在失去愛人的那一刻。

一九九六年蕭麗紅的《白水湖春夢》，書中女性的生命語境，同樣是漫長的等待，小學老師邱永昭的妻子素卻，丈夫被強行帶走後，陷入永恆的等待：「一天過去，一個月過去，她們彼時還抱著希望……然後春天過去！輪到夏天，日頭出來也哭，月娘出來也哭……」素卻的等待語境，是小說中的情節，讀來卻與阮美姝的回憶如出一轍：

> 在一萬六千個等待的日子裡，我們沒有清明掃墓、也沒有祭日可供追思，沒有年夜團圓飯，也沒有慶生祝壽，沒有結婚週年慶，沒有過父親節的喜悅，子女婚帖更不知如何落款……

李昂一九九七年的〈彩妝血祭〉，二二八女性小說的經典之作。小說裡，眾人偷偷傳說著，有一個二二八受難者妻子，偷偷運回丈夫的屍體，幫他修補殘破臉容，並且拍照，留下大量的「死亡之像」：

> 某一個至今不知是誰的受難者妻子，事件後偷偷運回死去丈夫的屍體，親自為他淨身著裝，料理後事，還盡可能修補好丈夫被刑求槍斃的臉面，用的，據說不外她閨閣常用的針線剪刀。
>
> 她還以相機，以各種角度各個細部，拍下死去的丈夫，包括被刑求殘破的臉面身軀，還有經她修補後的最後遺容。

現實中，這個受難者妻子，是張七郎的妻子詹金枝，從鳳林公墓以牛車拖回親人的殘破屍體，清洗，安葬；然而，小說中，這一幕讓人驚痛的歷史場景，是以耳語的形式流傳，她似乎是小說中的主角王媽媽，又似乎不是，更像是所有的受難者妻子的共同臉容。

以「共罪意識」，穿越寒冷的現實

李昂小說〈彩妝血祭〉中關於「死亡之像」的耳語，隱喻著所有二二八遺族的「集體記憶」：

耳語轉述「死の寫真」慘絕人寰的刑求與槍決在人體造成的恐怖傷害，每一道轉述中，都加上不同的臆測與細節，而至最後，那批「死の寫真」集結了所有可能的恐怖、驚悚、戰慄圖像，在現場凝肅的哀淒中，激盪嗜血的最深沉潛藏的恐懼與仇恨。

因而，「死亡之像」是記憶的載體，是傷痛的容器，每一個遺族，都可以在那裡找到與自己相同的傷口，它轉譯了那個時代的集體傷痛。

所謂「集體記憶」，既是差異複數，卻又是可以共感的。然而，這樣的共感，卻僅止於受難者家屬彼此之間隱密幽微不敢聲張，甚至急於掩藏的心領神會，因為現實總是比歷史還要冰冷。對他們而言，「加害者」不僅是威權體制的獨裁者，不僅是實際帶走、槍殺他們親人的劊子手，更是事件發生後，拒絕他們、歧視他們，或者對他們的傷痛冷漠以對的每一個人。

這些冷漠無感、拒絕與歧視，總被辯白是人類為求自保的不得不然，或者，如果是惡，也被解讀為無傷大雅的小錯微惡。然而，這微小的惡，卻寬恕了、認同了、縱容了巨大的惡。日本推理小說家松本清張（一九〇九－一九九二）認為，「罪惡」不是一種獨特的人格特質，它其實最常出現在一般人身上，體現在日常生活之中；李拓梓也說：「邪惡沒有獨特的面貌，它藏在每一個人身上，隨時以不同的形式，不奸不惡的呈現。而這些微小的惡，終究會因為整個社會的視而不見，而成為碩大的悲劇。」

這正是漢娜．鄂蘭（一九〇六－一九七五）《邪惡的平庸》中所說的那種惡，那種被以平庸、無知、微小所覆蓋掩飾的惡。二十世紀黑人反抗行動者法農（一九二五－一九六一）在他的《黑皮膚．白面具》中說：

……眾人在成為它（按：納粹主義）的受害者之前，先是它的共犯。這種納粹主義，眾人在承受它之前先忍受了它，眾人寬恕它，對它閉上眼睛，將它正當化。

每一個人，都可能對別人的受害閉上眼睛，都可能是加害者的附庸、回聲、共犯。不僅如此，即使我們是後代的歷史評論者，即使我們的冷漠不曾與遺族共時存在，當我們對歷史上的政治暴力閉上眼睛，當我們不曾用力去聆聽、去見證，卻矯情地宣揚遺忘、寬恕、和諧，我們也同樣成為共犯。

台灣社會的主流論述，至今仍是遺忘與寬恕，台灣人總是急於拋棄歷史包袱，急著粉飾太平，只要談論歷史是非，談論歷史正義，就是心存仇恨，就是社會和諧的破壞者。吳晟一九九六年的詩作〈經常有人向我宣揚〉，準確地揭露台灣社會尋求表面和諧的鄉愿、荒謬、邪惡：

……
那不斷編導人世災難的強權
也有權利宣揚寬恕嗎
那從不挺身對抗不義
從不挺身阻擋不幸
反而和沾滿血腥的雙手緊緊相握
也有權利宣揚寬恕嗎
……

要求淤積暗傷寬恕棍棒
要求無辜魂魄寬恕刀槍
要求斷肢殘骸寬恕砲彈
要求荒煙遍野寬恕烽火
要求家破人亡寬恕陷害

要求魚蝦的滅絕寬恕污水
要求森林的屠殺寬恕電鋸
要求土石的坍塌寬恕濫墾濫挖
要求廢墟島嶼
寬恕粗暴的摧殘和糟蹋

經常有人向我宣揚寬恕
並宣揚理性消弭傷痛
懷抱感恩揮別悲情
這是何等崇高的節操
我本不該有任何質疑

然而每一道歷史挫傷
都結成永不消褪的傷疤
經常隱隱作痛、滲出血漬
經常發出哀慟的飲泣
誰又有資格接受寬恕

寬揚寬恕加害者，等同再度踐踏受害者，當然也就成為政治暴力的共犯。也許，回到法農所提出的「共罪意識」，從社會的共罪、共業、共省之中，才有可能找到集體救贖之路。要推動轉型正義，必須先致力於歷史正義，而喚醒社會集體的「共罪意識」，則是推動歷史正義的關鍵功課。

因為，我們真正需要穿越的，其實不是悲痛的歷史，而是冰冷的現實。

疼痛，是很個人性的，是主體很私密、直觀的心理狀態，疼痛無法互換，無法相互抵消，當然也不會因為社會的共罪、共感而抹除。然而，共罪與共感，卻得以讓世界溫暖，讓田土溫潤，讓李喬〈泰姆山記〉中那一大把相思樹的種子，在陽光下播撒萌芽，在島嶼四處淚生蔓延。

一九九九年，我為台中縣所寫的二二八紀念碑文，正是寓寄著這樣的夢想。以此碑文作結，我曾如此閱讀二二八，期待台灣島嶼穿越冰冷現實的那一日：

這是一方冰涼的石碑，森寒的歷史影像竄動其間
一九四七年，政權不義，血腥風暴漫天襲捲
島嶼記憶凍結在史上最寒冷的春天
歷史曾經受傷，二二八事件鏤刻的台灣傷痛
糾結著猜疑與仇恨、鮮血與淚水、生離與死別……
這是承載台灣之痛的石碑

因為哭泣，嬰兒得以成長；
因為痛苦，生命得以延續
因為二二八，台灣得以學習悲憫與寬恕
這是召喚台灣之愛的石碑

因為傷痛，島嶼失憶；因為回憶，傷口開花

這是一方長出綠芽的石碑
凝看這方石碑，撫觸歷史傷痛，請你
擎起向陽的雙臂，打開柔軟的心地
讓記憶的溫度灌注其間，讓二二八英靈停止嘆息

這是一方溫暖的石碑，
受苦的靈魂將永存公義的天空

二二八與鄭南榕

■鄭清華（鄭南榕基金會執行董事／鄭南榕么弟）

想這麼寫起

二十一世紀已經過十六年，從上個世紀跨到這個世紀，和台灣有干係的人們如何看待一九四七年二月二十八日，台北行政長官公署前廣場，政府的衛兵開出第一槍之後，頓時在這片土地上築起了一道無形的牆，過了大半世紀，依然比柏林圍牆還要高聳、還要堅硬的心牆？

從後人的生活經驗中，或許可聽到：

那是沒有人性、殘暴的屠殺事件，而且連接到後來的白色恐怖，是歷史慘劇；那是抑制赤色滲透，對當時社會動盪，當局不得已採行的措施，國府決策之必然；那是一段令人髮指，難以原諒的一段歷史，至今加害者還不明確……

其實大家都過得好好的，若是沒學過這段歷史、課本沒提或提了也不像老人講的那般淒慘，何以如此在意？

然而這事件影響台灣甚鉅，閉鎖人民的心靈，延宕了民主化進程。採二分法將人們分成兩塊，難免有失公允。畢竟同一社會上的人、站在同一塊土地，和光譜一樣，從一端到另一端，皆有不同的成長過程、不同的際遇、不同的文化背景、不同的認知、不同的學習、不同的探索、不同的領悟，甚至被隱瞞的程度也不同。從那個動盪的時代以來，由文化差異、權力更迭的角度來看，各有著虛擬與實境國度的牽引，甚或挑釁的、經常的互相檢驗。

不幸的是，被牽引、被挑釁、被檢驗後，省思和反映出來的能量出乎意料的大，也可能是致命的。當人們忠實的面對自己時，很難否認在這土地上一一連結，光譜的不同色段之間一直沒裂開。

詭異的數字

二二八本是個好數字，用台灣方言發音，做生意、求功名可以「日日發」，曾幾何時，這樣的數字變成魔咒；二二八被催化成惡魔的符號，並非一蹴可幾、一日完成。

一九四七年三月之後，台灣各地的人對於二二八這數字，因為某些人或事件，像手機軟體自動轉譯一樣，心裡頭打上二二八，卻會浮現另外一個數字。例如三〇八，也就是三月八日，國府軍二十一師自基隆登岸，於是雨港上演屠殺慘劇。人們腦海中投出的影像會是九人一組，以鐵絲穿過男人的手掌與腳踝，沿港邊站立，國府軍一一槍殺後踢入港中；至今，基隆人會說「你們的二二八，我們的三〇八」，其無比的恐懼跟憤怒的情緒，不容易抹去。想想台灣各地，我試著列出如下的清單：

台北二二八：行政長官公署前廣場，衛兵開第一槍。

台南三一三：湯德章在酷刑逼供後，遊街後在民生綠園被槍決。

桃園三一三：桃園人吳鴻祺在台北高等法院遭兩名便衣人員強行帶走，三一六屍體被發現在台北南港橋。

苗栗三一〇：苗栗人律師李瑞漢在台北家沒吃完魷魚粥被帶走，從此人間蒸發，這是至今著名、家人每年都在二二八必備魷魚粥等他回來的故事。

嘉義三二五：鐵線貫穿畫家陳澄波手掌綑綁，遊街示眾，嘉義火車站前槍決。

鳳山三〇六：國府軍在高雄發動鎮壓，以致死傷慘重，市政府、火車站以及保護二千多名外省人的高雄中學，被鳳山來的軍隊攻擊。

宜蘭三一八：凌晨，宜蘭病院院長郭章垣，居家被破窗撬門，人被抓走，三二〇晨現屍於頭城媽祖宮前。

屏東三〇四：著名的「三四事件」之後，三〇八市參議會副議長葉秋木遭國府軍拘捕，後慘遭割掉鼻耳及生殖器，遊街示眾，公然槍決。

彰化二二七：唯一一支民兵武力「二七部隊」，核心人物多為彰化人，二七的名稱取自二二八事件的導火線，二二七傍晚發生在台北市緝菸血案。

列舉這些城鎮或人物，看似沒有時序或地理邏輯，然而，這其實是一九八七年鄭南榕與陳永興醫師、李勝雄律師合作發動的「二二八和平日運動」，在各地舉辦說明會或遊行或紀念會的順序。經過國府長時間對歷史的掩蓋、扭曲，或恫嚇不准公開談論，二二八已經變成了一個統括的禁忌符號。直到一九八七年的二二八，台灣社會才踏出一步，有人開始公然討論，而各地也因為各在不同的日子裡，發生過程度不一的慘痛事件，以二二八作為原點，在歷史座標上，標記屬於在地的恐怖符號。

在那之前，社會在一點一滴的解放過程中，不幸的二二八好像從名詞蛻變成動詞——一九八〇年的二二八，林宅祖孫三人的血案，有人將無辜的林義雄家人列入了「名單」，這麼一件慘無人道的事，在鄭南榕自己的時間軸上，又註記一次二二八。而台灣也再一次被「二二八」了。

一九八六年，鄭南榕因毀謗案遭以違反選罷法起訴，在土城看守所蹲了八個月，坐牢編號

「2280」，或許是湊巧，也或許是企圖告訴鄭南榕，他可以被「二二八」的。也因此他出獄後，才會更義無反顧，抬著「二二八和平日運動」的旗幟上街頭去。

名單和連結

在一九四七（鄭南榕出生年）前後十五年的台灣，族群分眾比如今只分藍綠的社會更細。

一種代表國府的黨、政、軍勢力；一種代表隨國府躲避共產勢力的知識分子、文人雅士、資本家；一種代表被國府軍隊拉夫、離鄉背井的年輕人或逃避戰亂的百姓；一種代表在這期間，當時來台訪問、出遊卻無法回歸的中國人；一種代表在這期間，移民來台，日治台灣的華僑，歸建中華民國的國民；一種代表依附國府勢力，在戰後台灣形成所謂的新興本省權貴；一種代表天高皇帝遠，習於歷史大遷徙、在大融爐中安身立命的島人；一種代表歷經四個多世紀，荷蘭、明鄭、大清、日帝、中華統治的福爾摩莎人；一種代表受日治教育、思想啟蒙的知識分子、文人鄉紳、地主、資本家……

其中最不幸的，是握有強大勢力的人，對著另一邊曾是菁英的人，逐步建立了「名單」，看似隨意卻有計畫的，讓這些菁英和其關係人，有如種族滅絕一般，在人們眼前一一倒下、消失。接著，有些安身立命的島人，以及隨國府來台、飽受離鄉背井困苦惱的知識分子、文人雅士、年輕學子……就像登入生死簿一樣，也一一流入「名單」。

這樣的「名單」存在於人類歷史，見怪不怪，尤其在社會將解放未解放、將文明未文明之際，總看到有人持「名單」為了拯救他人，有人持「名單」為了滅絕他人。諷刺的是前者多依賴個人，後者多佔有國家機器；但都逃不過天意，一種人們互相連結的天意。

奇妙的碰撞

母親一九二七年出生在基隆仙洞，古早時期是凱達格蘭族生活、捕魚的白米甕海邊，小時家裡後門打開便能看到太平洋。帶一小包醬油，出門玩耍，就可生食岸邊撿到的海膽、蚵仔。

日本帝國統治時，外祖父在沒有小三的情況下，讓單單一位老婆生產報國，母親在十六胎、十七個小孩中排行第七，扣除夭折，她變老五，也是最大的女兒。可想像讀漢文說官話、也是南北貨商行掌櫃的書生但非地主的外祖父，養家活口並不容易。依照舊式習俗，母親出生之後，就要送給人家當養女，卻不知是什麼原因，到了她四歲時，才送給宜蘭羅東開碾米廠的好友當大女兒，好招弟妹。

外祖父或許心帶歉疚，就請求她的養父，讓這個女兒能念到日治時期的中學校。無奈社會變遷，養父食鴉片、養側室，家道中落，這個承諾落空，只念到小學校畢業。母親終生耿耿於懷。

母親成家後，生活本小有寬裕，後轉困頓，隨著丈夫在省營事業的福利社內屈居，仍然堅持四個兒子都得上大專。又因自己經營美容院，觀察眾生，看多了人來人往，在那時的政治氣氛下，明白表示希望自家小孩獨立，堅持小孩不可念軍校或師範學校，不可依附統治勢力，也不必急著出社會賺錢，若為考取自己喜歡的科系，一考再考也無所謂。

她扮演了嚴母但又體諒兒子的角色，視鄭南榕為最愛，從不掩飾。

而父親是福州人，五歲喪父。一九三〇年，九歲隨母親和外祖母來台探親，見了當時嫁給莆田華僑、住在台北城中區的二姨母。一九三四年，十三歲，離開母親，由故鄉的三姨母託跑單幫的人帶著，搭乘日本「大球丸」，隻身從福州來，在基隆上岸到台北，之後再也見不到自己的母親，所以我們這些小孩子從不知道祖父母長什麼樣子。

來台落腳台北西門町（現內江街）學理髮，師承福建莆田人顧天珠先生。十八歲時，學理髮出師，也學會日語文。一年後，少年得志，在基隆與當時具有日本籍的台灣人合夥開理髮店、當老闆。約兩年後移居羅東，用日文通過筆試和術科，考上日治時代理髮師執照。父親說他幼時只念了私塾四年，來到台灣學了日文，通過考試取得執照，對他後來閱讀中文或日文雜誌吸收新知，相當有幫助。

當時，若非日本籍，縱使有理髮師執照也不能開店，但開理髮店，店內一定要有具備理髮師執照的人；日治的羅東警察派出所長，是日本人，也是父親在台北城中區的姨丈所熟悉的日本人警察長官之部屬。這所長受了也是開理髮館且有華僑公會理事身分的姨丈所託，在羅東關照他的外甥。

羅東派出所長同時也依戰時社會需求，得照顧兩位其兄長在南洋從軍、無依的日本裔姊妹，於是湊合父親和長谷川姊妹，由具備執照的父親出資，兩姊妹出名，開了理髮院和美容院，算是小小的合資事業；這種店在當時收入穩定又好，因此日本政府規定，人口達一萬人才允許開一家。

太平洋戰爭開鑼時，母親身為養父母家的長女，對其有負擔部分家計的責任，想有一技之長可以獨立賺錢，於是離開鐵路局羅東倉庫記帳的工作，來到父親的美容院當學徒。兩人生性都喜歡自由，父親在台灣獨自一個沒人管，母親家中難免顧慮，她要嫁給阿山仔，是有意見的，但母親一律不予理會。在那個年代，自由戀愛算是大膽，這樣的故事似乎也複製在他們的大媳婦和大兒子身上。

後來兩人結婚了，而且和長谷川姊妹成了終生好友。長谷川姊妹被遣返日本之後，每年中元還依例遠從日本寄送禮物到羅東；她們在引揚（撤回日本）的名單裡，卻和我們的父母親有所聯繫，這冥冥中，有著不可思議的連結跟對比。

終生的困擾

戰後，一九四六年，父母親結婚。一九四七年初，母親懷了鄭南榕，不久台北二二八事件發生時，父親將母親從羅東移到台北城中區——現在的漢口街五十二號，商務印書館對面——託宿他二姨母家。三月中，父親獨自從基隆搭船回福州，說是要向福州的母親稟報媳婦懷了第一胎，其實是耳聞母親在福州失蹤，因此不顧亂局，執意去找尋他的母親。

約莫四月初，他瀕臨絕望的從福州回到基隆港，當時台北二二八事件延燒，國軍二十一師三月八日在基隆港殘暴作為、大肆屠殺才剛過不久，父親搭的船雖然靠港，等數日當局才放行。

當時風聲鶴唳，他待在基隆友人家十日，才一路小心翼翼到台北，或許是日語跟閩南話的能力，讓他順利到達城中區和懷孕的妻子會合。

而離船前，他絕望的不是二二八事件，而是他十三歲離開福州後失聯的母親，找不到了。本想接老母來台三代同堂的他在故鄉東追西問，才得知母親守寡多年後，卻被外祖母逼得改嫁，但嫁到哪裡，沒人能告訴他。

父親好失落，這變成他終生之憂。後來台灣政府開放到福州探親，他福州的親妹妹陪著去找了好幾趟，始終見不到日思夜想的母親，只見到形同路人、同母異父的弟弟。不過，除了酒後或年老幾近生命的黃昏時偶爾吐露心聲，他平常極少提起。父親最後承認台灣接納了他，如他大兒子所說：他是第一代台灣人的父親。

接著九月，大兒子出生，可能是極度思念福州的母親，為大兒子取名南榕。同年底，父親看局勢大致安全，便帶著坐完月子的母親和襁褓中的南榕回羅東家。

鄭南榕就是在這樣的時局下出生。在未知他們的大兒子因為二二八屠殺事件而有了終生的困擾之下，父母親讓大兒子無拘無束的成長。其實父親的個性也是不受拘束的，很少生氣，在家裡他扮演慈父，放任兒子無忌於父權不彰。甚至幾乎是天性自由民主的，在孩子們尚小（四個小孩從六歲到十三歲），就用家庭會議的方式，使之參與討論且決定家裡的一些事。

無奈在二二八事件之後，父親除了身陷尋母不著的愁苦，接下來的遭遇更變本加厲，造成他人生多次的打擊。

他的大兒子鄭南榕在自由風氣下成長，卻被二二八的陰霾罩住，也混入了國府灌輸、矯情虛偽的壯烈教育「犧牲小我，完成大我」，以至於後來父親白髮人送黑髮人，卻吐出一句：「是國民黨的教育，教他要懂得犧牲的。這不是我教的。」

由於父親來台時是華僑，當時台灣的日本政府不允許這樣的身分購置土地，所以父親僅能儲蓄現金。而戰後父親仍相信國府，有一天他可能返還福州，因此也沒積極在宜蘭購置不動產。

一九四六年到一九四九年，國府在台灣濫印鈔票，導致舊台幣大幅度的貶值。一九四九年六月十五日，發行新台幣，明訂四萬塊舊台幣兌換一元新台幣的匯率，民間習稱為「四萬換一塊」。這對只儲蓄現金的父親來說，是一次非常大的打擊。但畢竟理髮和美容生意每日進帳，還是有不少的現金流入。即便如此，父親想在羅東購置不動產時，資金仍不充裕。

而且戰後隨國府來台的軍隊，素質參差不齊——懷思那時代的前輩們，會挑剔這是客氣的說法。駐紮宜蘭地區的福州籍士兵，見有戰前來台、已具經濟基礎的福州同鄉，動之以同鄉情誼，多行詐騙。父親自幼是個孤兒，容易相信別人，見同鄉流落異鄉，常常不拒往來且多給予同情。

其中有人口若懸河，以想退伍而開金鋪為由，向軍中同袍和父親調頭寸，又請父親作保，取得大量現金後就逃逸了。鄭南榕小時候，坐在父親腳踏車的前座，後頭來了追「兵」向保人討債，父親猛踩腳踏車、落荒而逃，一路上也聽得各種腔調的華語辱罵，在鄭南榕幼小的心靈植下了莫名的恐懼。

又一次的打擊，使得父母親必須放棄羅東不起眼的不動產，另謀他途維生。一九五三、五四年之際，他們到五結的中興紙廠福利社，標取經營理髮和美容的福利社，用相當低的單價賤賣勞力，慘澹經營二十年，培育四個兒子，卻已無力再置產。

父親曾經在戰前自覺得有點資產，職業又受尊重，有餘力時可以助人，相當自滿。但千算萬算，沒算到戰後，他的母親失去蹤影、動產大幅縮水、卑微的不動產遭拖累不得不轉讓，一切皆不如人意。樂觀的父親也難免意氣受損，常自我調侃：「到頭來沒有不動產，只有四根懂事但不聽話的柱子。」這些情景，鄭南榕跟三個弟弟都看在眼裡。然而鄭南榕是大兒子，成年後除了霸氣的追上了葉菊蘭，自吹是娶太太第一名之外，也曾經想創一番事業，帶著三個弟弟一起賺錢，要好好奉養逐漸老去的父母親。

台灣的縮影

鄭南榕小學一年級在羅東公正國小，上學的第一天就被同學打，罵他是「阿山仔！」害他哭著回家，父親只好把他轉回五結中興紙廠羅東總廠附近的學校。後來，他跟本省小孩玩久了，居然也跟著其他台灣子弟丟石頭打破人家的玻璃，罵外省人：「阿山仔！」這是他省籍紊亂的經驗。

在二二八的禁忌氛圍中，鄭南榕是國語人，還是台語人？或兩面不是人？是「阿山仔」，還是「半山啊」？他最後找到的答案是：「我是半個『阿山仔』，半個『番薯仔』，是第一代台灣人。」

在中興紙廠羅東總廠宿舍區內，鄭南榕進入學進國小附設中興紙廠分校，人們看他都覺得冰雪聰明，考試常得第一，在家是老大，在校是班長，甚至學校舉辦模擬自治選舉，每班算一鄉，全校算一縣，他也當選縣長。小學畢業後，考上宜蘭初中是狀元；在戰後嬰兒潮的同儕當中，像一顆閃亮的恆星，朋友會繞著他。基隆的外祖父謝海洋，明眼看出這外孫有些獨特，展現了某種質地，曾在他才八歲時寫下一首七言絕句給他：

年少書生進校堂
衣冠清潔貌端莊
用心勤讀圖前進

際會風雲自建功

這首詩，也驗證了基隆謝家最小的兒子——母親的屘弟，曾經在我家困頓時慷慨接濟、也幫助過鄭南榕的小舅——向母親表白過的一句話：「希望越大，失望也就越大。」這代表了謝家小舅的務實和敏感，似乎預期鄭南榕會想做大事，追求理想，母親的最愛終成母親的最痛。

少年時的鄭南榕，在家裡他會帶頭和弟弟玩，兄弟四人在十疊的榻榻米房間，老大和老四、老二和老三各成一對，騎馬打仗。當他上小六、老四上幼稚園大班，背後有父親撐腰，四兄弟就已經可以湊一桌麻將了。接著他上大學，就把三個弟弟教會打橋牌，這時候配對可能是老大和老三、老二和老四。他喜歡出外也愛玩，又會帶動弟弟們一起玩。

除了騎馬打仗、學麻將、學橋牌之外，還有在我們成長的社區裡踢銅罐仔、河邊或池邊釣魚、水溝裡抓鱔魚、游泳、打球，以及過年大戰沖天炮。他上大學之後，也一起讀文星、讀水牛、看武俠小說配羅素學說、聽容易接受的古典樂跟流行英文歌，還有幸福合唱團唱的台語老歌。

很多活動都是鄭南榕帶動的。母親打拚顧店賺錢，父親無為而教。在南榕自焚之前，父親問：兩老怎麼辦？他答道還有三個兒子。

算盤打得精，這三個弟弟，多少是他調教過的，一定懂得好好照顧雙親。自鄭南榕讀台北建國中學開始，每到暑假，弟弟們所盼望的，便是他帶我們到武荖坑浮潛，游泳、野餐，有時還去釣魚、露營。對三位弟弟來說，那是好爽的童年。除了武荖坑，更精采的在後頭。在蘭陽溪邊，釣魚前可先挖蚯蚓當魚餌，順便挖土坑烘番薯。最過癮的是泥土打仗，打仗時楚河漢界分清楚，拉開約十米以上，雙方各排陣式，武器是半乾略濕的小泥塊，打到會痛，但可以忍。

從早上出門玩到夕陽西下，看落日輝映蘭陽溪——又叫宜蘭的濁水溪，是孕育我們成長的大河。回頭看蘭陽平原的西南邊，還可遠眺太平山，上緣構出金黃色的稜線，美呆了。接著是太平洋邊，有好多個都是宜蘭人熱愛的景點，北自福隆海水浴場，經大溪潛水，頭城海水浴場，溪口清水，到南方澳漁港，我們一家人也在這些地方留過足跡。

那幫人要我們學岳飛還我河山，在教科書上寫的長江黃河，天山五嶽太虛了，眼前這景色才是我們可以立足，賴以成長的江山。

不只鄭南榕，父母親也參加過出遊，其實一開始是父母親帶我們去的，尤其是福隆和頭城。我有時開玩笑，對著對岸那國的一些朋友說，「這輩子很少玩壯闊的景色，只玩過太平洋。」這聽來有些犬儒，但也是事實。聽到是太平洋，對岸那國的人會回應：「那不是壯闊的景色，是什麼？」但可能他們想像的太平洋，和鄭南榕心中的不一樣。

不管這些了。最迷人的是面對太平洋，在不同的地點、不同的天候下看龜山島。那是天賜的享受。在東北濱，四五月或九十月，從福隆到石城，邊走邊玩邊看浩浩太平洋，看龜山島瞬息萬變，看自己，確定是宜蘭人，孑然一身，或許就能悟出南榕為何當初會說：「千秋萬歲名、寂寞身後事。」

當年的中興紙廠羅東總廠社區裡，有各種日式宿舍，或大或小，有獨門獨院、整排日式街屋、單身宿舍，有游泳池、網球場、籃球場、撞球室、乒乓球桌、圖書館、菜肉販、雜貨店、大食堂、理髮院、燙髮院，其實就像個確幸的小台灣，但設施不對外開放，令外人羨慕。連羅東鎮上富裕的木材商，為了讓子女也能使用社區內設施，會設法請託或冒充紙廠員工子弟，辦到一張紙廠游泳證。

社區居民中，有國府植入的黨工人員，北京清華或上海交大畢業來台躲避共產勢力的工程師，離鄉背井從十萬青年十萬軍退役的年輕人，部隊退下來接受就業輔導的老芋仔，像父親一樣日治台灣的華僑、歸建中華民國的國民，安身立命的紙廠本省籍勞工和少部分的原住民，永遠無法升上高階職位的日治時代早稻田大學肄業生……在社區裡可聽到字正腔圓的京片子，還有許多中國方言包括父親的福州話、福佬話、客語、泰雅族語以及關東腔日語等。看來我們上一輩的人各有不同的成長過程、不同的際遇、不同的文化背景，就像姚立明先生說的「或許沒有共同的過去」，但有些人卻不冀望有共同的未來。社區內少數的外省菁英分子來台灣沒幾年，就急著攜家帶眷，往美洲大陸或東南亞去開發新天地，很明顯的，他們無法相信當時跟隨來的政府會帶來幸福。

而留下來的，一定要和在地人一起面對共同的未來。縱使有過那麼確幸的社區生活，家中教育也囑咐不可對人分貴賤，坐上理髮椅或美容椅，大家一樣大。小孩稍大後，連原來不太喜歡的老阿兵哥也知道要尊重，不能覺得可怕。但是在鄭南榕的心靈深處，這一切不足以療癒二二八帶來的創傷。

青年時的鄭南榕，在家裡看來似乎是快樂的。在外頭又是如何？不得而知，但有一點是確定的：由於母親是本省人，父親在地方上也得人緣，沒被那些受時局激怒、遭專權壓抑、想找外省人算帳的人所傷。因此父母親並不忌諱在他幼小的心靈前，談論當年在台北的二二八事件，以及後來種種的屠殺。雖然一家三人有幸躲過了肉體的傷害，但在鄭南榕幼小的心靈，卻已抹上厚厚的二二八陰影。

從小他就常被問是哪裡人，意思是：「是外省人、是本省人或是愛の子？」追問母親後得到的答案是：「你成長在這裡，你是宜蘭人。」所以，他就自稱是宜蘭人，言必說：我的故鄉宜蘭……

似是有了歸屬感，可是這一切仍難擋自幼以來、深植心中的恐懼，以及想掙脫恐懼枷鎖的企圖。長大後的鄭南榕，在求職履歷表上寫著：「我出生在二二八事件那一年，那件事帶給我終生的困擾。因為我是個混血兒，父親是日據時代來台的福州人，母親是基隆人。二二八事件後，我們是在鄰居的保護下，才得以在台灣人對外省人的報復浪潮裡免於受害。」

總要有解藥

二二八是個複雜的事件，不單純是文化、族群、政權甚或如國外的種族、宗教等千年衝突。自一九四七年起，歷史晃動如地震後隆起的斷崖，此後移入台灣大部分的人，似乎看不到有這麼一個斷崖。而在此之前，受過不同政權統治的島人，雖然經過數百年的混血，仍奢望在戰後有可以歸屬、真正安身立命的國度。然而希望不但破滅了，更痛心的是，在一九四七年換來了眼前高聳的斷崖，爬不上去，登不過去，看不到前方的路，有人甚至掉入崩裂的地殼內，消失了。當然也有人找到門路，架起天梯上去了。

多數人則是被蒙住眼睛，循著有髮夾彎的「之」字路，任憑政權的絕對掌控和引導，逐步迂迴前行，得以踏到崖上，卻渾然不知一路上發生了什麼事。事到如今，有些人，無視歷史的斷崖，為專制的史觀辯護或模糊記憶，也有一些人，過往歷歷在目，心中永遠有個斷崖，跨不過去。

對於鄭南榕而言，二二八有別於「解除戒嚴」或「新國家運動」，是感情多於理智；某個程度，他是掉進崩裂的地殼又想努力爬回地面的人。鄭南榕當然不是那些在一九四七年或戰後的一九四五年就建立在「名單內」的人，但因為背景特殊——其父親不是日本國的台灣國民，也不是國民黨認為沒被日本人統治文化「污染」的人，更不是原來就臣服國民黨的人所以相當「非正統」——鄭南榕是「非正統」的後代，而且是長子，在那個動盪的時代，從文化差異、權力更迭的角度來看，是需要經常被挑釁、被檢驗的人。

父親的「非正統」，在當時的社會主流眼中有些搖擺，鄭南榕必須在成長過程中，努力定義自己是屬於這土地上的人，他必須落地生根、有所歸屬。所以二二八事件對他而言，是將他原本屬於台灣的心情，硬是扯往幼時國府所宣傳「祖國」的一方。令他不解的是「祖國」的手段，竟如此殘酷，引起他不平則鳴。也因為來自「祖國」的統治者的恐怖嚇阻、製造寒蟬效應，更令他想要努力掀開這一段不讓人民自由談論的歷史。

自知讀理工無法敲到可以釐清自己的門，他考了三次大學聯考，想學心理或哲學，最後選了哲學，卻以堅決求真的態度，拒修《國父思想》。台灣大學文憑不能凌駕於生命的真理之上，稍有資源的時候，本著求其所以然的哲學態度，毅然決然要破除二二八禁忌。思緒一旦理清楚了，是無法不去探索、釐清二二八屠殺事件所為何來，也無法釋懷這事件造成巨大的創傷。

知道他帶有創傷，但總沒想那麼近去看鄭南榕。不是懼怕若是走近了，會看到那略帶憂鬱的眼神，或靜靜聽別人說話的沉思臉龐，或回話不多卻句句難以駁倒的口吻，或愛問問題、好為人師且嚴重到當年大學同學就給他一個「校長」的綽號——這實在有夠揶揄。或收到不實、不義的訊息，就發出暴怒脾氣且犀利質問。我真正擔心的，是會被吸過去他那更深幾層的靈魂，那種呼喚、牽引、說服必須求其真、起而行、行必自我苛求的感應，有時，真讓人難以消受。

他走後，嘗試走近一點看，就有一股明知山有虎卻向虎山行的心理準備。二〇一一年，加入紀念他的基金會志工行列到現在，果不其然就是這樣的感覺。

鄭南榕的一生縱使有令人羨慕、確幸的童年社區生活，有自由的家庭教育環繞著，這般心靈上的富裕，看似可蓄藏相當程度的寬容，不必如此在意二二八。但也許是錯置了時代，錯得難以理解，在那樣的時空下，他背負著那麼多的荒謬，以致必須努力定義自己和這塊土地不能分割，不自量力的想用微弱的資源發起運動，試圖撫平創傷、療癒社會。這性格或許是與生俱來，但出生在一九四七年的他，二二八的屠殺事件，從娘胎到成人之後，便一直圍繞著他，也承認被二二八終生困擾著，而這困擾，反而更強化了他那種勇往直前，事情未達目標，難以阻擋的個性。

他也曾認定自己是單純的台灣人，就如同那些「名單內」、「名單外」，曾經歡迎「祖國」的許多單純的台灣人一樣。但當時的台灣人，被昏庸、殘暴的統治機器所吞噬，更驅使他站到這些受難者的一方，要為他們平反、要勇敢公開談論二二八、要定義這些與這塊土地緊密連結又無辜的台灣人，希望加害者的臉龐可以清晰呈現，而受害者及其後代心靈的創傷得以撫平，社會才可能療癒，繼續前進。

有人問我，為何你們家就只有鄭南榕傷得這麼深？或許，是因為他是老大吧，他擋下來了。回想我自己的青春時期，家裡已經相當拮据，這位老大還是花錢買黑膠唱片，聽五黑寶（The Platters）、瓊・拜亞、巴布・狄倫、披頭四，也聽古典樂、幸福男聲合唱團的台灣歌謠，看了無數的電影，讀了文學、偵探、武俠，更有許多的哲學書，而弟弟們就跟著這麼做，只是沒那麼專注於哲學罷了。當老大在黃昏時，留聲機放著五黑寶的歌曲〈我是大偽裝者〉（The Great Pretender），以及夜間睡前的靜謐時刻，聆聽布拉姆斯的搖籃曲，他到底在想什麼？

時間可以是一種解藥。二二八之後隔了兩、三年出生的老二，已沒有那麼深的影響，到了老三、老四就更淡化了。解藥除了時間，或許他也用文化手段，讓弟弟們親近藝文，鋪出一條可以一步步登上斷崖的路，而他自己卻留在斷崖下，陪著一九四七年以來跨不過去的那些靈魂。

靜觀鄭南榕燒焦的身軀，會覺得他依然凝視台灣，俯瞰我們一家人，重播一幕幕有如告別又極端不捨的影像：

父親在一九八九年四月七日看到晚報，大兒子焦黑的照片，哀號昏厥。事後若干年，談到自己的大兒子，會角色互換的依在小兒子的懷裡飲泣。

母親在老大走後，無預期看到他的照片時，會突然破聲大哭。人家問，她只回答，「我只是真肖念伊啦！」

大嫂和竹梅合照，一九八九年底打了一場「母親的聖戰」，等於告訴老大，他們母女接了剩下的事。雖然無論多大的成就，也要不回一份平常人的幸福，那就是老大的陪伴。

老二在一九八九年四月七日事發當天，趕去現場，一如小時候看住他最親近的兄弟，躺在自己的辦公室內。後來因為台北第一殯儀館的館方不願擔責，只好和小弟一起在停屍間，親自為大哥注入福馬林。事畢，默默走過那一段兩邊排滿大體的路，到現在只說過：「對老大的事，我們每一個人就用自己的方式紓解，不要過問。」

老三在一九八九年，是《自由時代》雜誌社的一員，四月七日當天，在現場。他說他那時間一陣混亂後，才想到老大，趕去開了總編輯室的門——又關了，因為太遲了，無法言語。殊不知老大就是那麼聰明，要做的事，連自家兄弟都有辦法閃避，擋不住的。

一九八九年四月七日當天約莫近午，我在香港的地鐵列車上，接到電話，另一端傳來妻子的聲音：「大哥走了……」當時正焦急的想避開九七大限，移民加拿大的港仔同事在旁，我百感交集，沒有眼淚，只想問：「為什麼走到這樣的地步？」到現在還一直想問老大，而答案似乎在風中吹著……

一次一次凝視他焦黑，握拳，挺拔的身軀，那不是英雄、不是烈士，是單純、不退縮、想重建尊嚴、百分百自由的追求者，而這樣的追求其實就在他出生的那一年，二二八事件的那一年啟動了。

那時的加害者或許沒刻意或根本不在意，將台灣本身列在「名單內」。而走到現在，我們是否發覺身處台灣，整個社會就是二二八「名單外」最大的受害者？鄭南榕那無視世俗的眼光，堅決維護尊嚴，超越家庭的牽絆，追求自由重於生命，其身軀彷彿會反射凝視，散發光束，聚光在觀者的心房，或可能如他生前那般的狂，一字一字燒出這樣的大話，問：「在這土地上互相連結的人們，是否可以對焦歷史記憶，配出好的藥方，重新定義自己，用心用力拆除心牆，一起療癒創傷，飛出二二八的繭，讓台灣成為一個自由的國度？」

其實這已經無關鄭南榕了，他不過是一個平凡的理髮師和燙髮師的兒子，外表未必優雅，內心未必粗俗，談吐未必委婉，論理未必詞窮，為了連結生長的土地和自己的靈魂，完成了他自認為該付出的努力——

那就是讓台灣接受這樣的靈魂，一個台灣人的靈魂。

後記：謝謝鄭南榕基金會的啟豪，協助搜集資料。出版團隊的刀刀的激發和逗點文創夏民的耐性，讓我可以有勇氣完成這篇文稿。

二〇一六年九月八日 完稿於旅行中，德國威瑪

二二八和平日運動三十週年回憶

■口述：葉菊蘭（鄭南榕基金會終生志工）
■採訪／整理：黃啟豪（鄭南榕基金會辦公室主任）

一、請談談鄭南榕策動「二二八和平日運動」當時的時空背景？

那時候還沒有解嚴，一九八六年五月十九日鄭南榕在龍山寺辦的「五一九反戒嚴綠色行動」，是一九四九年戒嚴以來，人民要求解除戒嚴的最強力的抗爭行動。五一九綠色行動過後，不到兩個禮拜，六月二日上午，鄭南榕就被管區派出所用「約談」名義騙出，把他逮捕。表面上，鄭南榕因「張德銘案」被控違反選罷法；實質上，鄭南榕早就因「爭取百分之百的言論自由」被國民黨視為眼中釘，而這只是國民黨大規模迫害行動的一環，報復他策劃反戒嚴行動，就這樣鄭南榕未審先判入獄近八個月。鄭南榕在看守所的編號是「2280」，冥冥之中，這也是很奇妙的巧合。

那八個月對我來講是很煎熬的時期，鄭南榕在看守所，《自由時代》雜誌社繼續在運作，我在聯廣廣告公司[1]上班，竹梅還沒讀小學。我盼啊盼的，盼到他出來，很高興，我想他出來了總可以安分一點吧。

一九八七年一月二十四日，他出獄後，還沒有休息，第一件事情，我印象很深，當晚他就把同事找來我們家，馬上就表達：「二二八事件發生四十年了，怎麼雜誌社的同仁都沒有針對這個事件有所行動？」就像台灣是全世界戒嚴最長的國家一樣，是很羞恥的事情。二二八事件是威權獨裁者對台灣土地、人民極大的傷害，經過四十年都沒有人敢提、也沒有人敢問，所以他認為應該要啟動去做一些事。

之後，在非常快速的時間內，他曾帶著我去拜訪幾個人，其中一位就是陳永興醫師。而當時他便是想去串聯，串起陳永興醫師、李勝雄律師以及所有友志共同來舉辦「二二八和平日運動」。

於是他又做了一件讓我非常不安、擔心的事情：他把辦公室（指原《自由時代》雜誌社）退租，搬到附近和亨大廈的三樓，滿新滿大的一個空間，近一百坪。我記得雜誌社的房租本來一個月三萬多元，搬到新的地方，租金變成八萬元，是原來的兩倍多。我雖然不管雜誌社的事情，但我清楚這會有財務壓力。

後來才發現，他果然是需要用到那麼大的空間。有一次我去新的辦公室終於了解，他哪是用那裡辦雜誌，根本是用來做二二八平反運動的基地，串聯全台各地的友志。他總是把雜誌社兼做運動的基地，大概是前一年五一九綠色行動的經驗，讓他覺得原本雜誌社的空間很窄。

一九八七年初，民進黨剛成立不久，簡錫堦、邱義仁、洪奇昌他們都會去開會。現在回頭來看，那就是以編聯會系統（黨外編輯作家聯誼會）為主再加上各地的志工、黨外人士，去運作「二二八和平日運動」，不斷開會、策劃、串聯起全國。因為我在廣告公司上班，他就請我公司的幾位同事協助發想，製作相關標誌、貼紙、旗幟等。此外，當時任職民進黨中央黨部文宣部的邱萬興先生也義務跨刀，擔綱文宣、海報的美術設計，幫忙很多。

鄭南榕曾問我：「你知道為什麼要成立二二八和平日促進會嗎？」他說當年二二八事件的受難者很多，家屬們仍然在暗處不敢站出來、不敢述說他們的悲痛。教科書不曾提到的二二八事件是台灣歷史的傷痕，造成寒蟬效應，讓台灣人都不敢參與政治，如果一直這樣下去，台灣永遠不可能會翻身。

鄭南榕用盡了全力在推動「二二八和平日運動」，出錢、出力並且用雜誌社做為基地。而他的雜誌《自由時代》發揮了很大的傳播效果。「二二八和平日促進會」第一年的成果，是開始讓社會大眾關注二二八事件，讓受難者家屬知道有人在關心，也讓國民黨政府知道不容迴避，讓更多其他社運團體敢跟進。

因為在一九八七年，鄭南榕與友志們舉辦公開活動之前，二二八事件還是很大的禁忌，社會不能談，幾乎是噤聲的狀態，但是鄭南榕讓大家敢公開談論，我認為這是很重要的轉捩點，也是他們最大的貢獻。雖然冒著被打、被關的危險，可是鄭南榕無所顧忌，他認為對的事該做就去做，他思考之後就採取行動。

二、三十年前的「二二八和平日運動」讓您印象深刻的事有哪些？

第一個就是，有一天鄭南榕跟我說你回苗栗一趟，因為你們苗栗很丟臉，全台灣都有人協助辦二二八演講與遊行，苗栗沒有人願意出面申請場地。

當時苗栗有位傳姓地方人士，本來要去申請，但是礙於種種顧忌便打退堂鼓，所以鄭南榕就說：「那你去申請[2]。」、「你們這樣太丟臉，我們全台灣多少人，就苗栗沒有。」他讓我了解得去做這件事的理由。而我當時也不曉得為什麼人家不肯去，事後才知道那是要冒著被逮捕的危險。後來為了宣傳二二八演講會，鄭南榕請雜誌社同仁小邱（邱謙城先生）開車載我，我就拿著大聲公在苗栗大街小巷廣播。此外，這場演講會是由我擔任司儀，所以印象很深刻。

第二個是在三重的一場二二八演講會[3]，鄭南榕帶我一起去，現場人很多。演講者有台北市議員顏錦福、民進黨主席江鵬堅，鄭南榕也上台演講。他是主辦者，不會演講完就走，都留到最後。活動結束後，在會場出口處，一個很暗的地方，有人向鄭南榕道謝，很感動一邊講一邊哭。他告訴我：「很多二二八受難者家屬到現在心中還是有恐懼，不敢講出來，只有我們站出來辦活動，他們才敢跟著站出來。可是即使他們站出來，還是待在很陰暗的角落。」那畫面給我很深很深的記憶。

第三個是，我們聯廣的老董事長葉明勳先生，他已經過世了。他其實一直對我很好。他與辜振甫先生是連襟，是早期國民黨在新聞傳播界的重要人物。我當時是聯廣的經理，有一天他找我去，希望我去勸勸鄭南榕：「哎呀，你跟你先生說，要往前看啦（指二二八事件）！讓悲慘的過去成為過去，不要再攪動這樣的記憶，傷口不必再挖出來。」

但是鄭南榕說：「二二八事件對台灣而言，是化膿的傷口，它讓台灣人痛到呼吸困難，它讓台灣人充滿恐懼，不敢參加公共事務。沒有平反，就沒有醫治，傷口只會繼續化膿，痛是一直在的。所以應該把它挖出來，攤在陽光下，要讓它癒合，才能往前走啊。」葉明勳先生聽了這樣的回答，沒有再說什麼。葉先生的意思是，過去的瘡疤不要再挖，要往前看；鄭南榕的看法卻是，那個瘡疤裡頭長膿，造成了很大的傷害，根本無法痊癒。鄭南榕話不多，一旦說起話來就很有說服力。

第四個是，我下班後去雜誌社接竹梅，每次都會聽到鄭南榕和去遊行的人被打。有一回人家又說：「在嘉義打得很厲害。」一當時沒有手機，我聽說他被打，但是被打成怎麼樣卻不知道。後來才了解，他們在辦二二八遊行，警備總部都是派出鎮暴部隊在對付這些參與遊行的人。當時辦運動是非常危險的，常常被打得頭破血流，可是他們卻一個城市一個城市去突破，不管被打與否，他們就是一直辦遊行、辦演講會。

以上是鄭南榕在推動「二二八和平日運動」時，我記憶中難以忘懷的幾個畫面。

一九九四年二月二十八日，國家「二二八紀念音樂會」，在國家音樂廳舉行，我與孫越一起主持。那場音樂會找我去，大概是想讓社會大眾知道，這個國家沒有忘記鄭南榕當時推動「二二八和平日運動」的貢獻。最起碼，那也是因為對鄭南榕的致敬跟肯定，但他人不在了。

從鄭南榕在二二八遊行被打，到二二八紀念音樂會我去拿主持棒，對我來說，實在百感交集。經過多年，這些努力終於被公部門承認。現在，我每次看大家在討論二二八事件，我都會想說鄭南榕真的是「突破禁忌」的第一名，除了一九八六年要求解除戒嚴的禁忌，隔年他又突破了四十年來沒有人敢提的二二八禁忌。

三、請談談您後來擔任立法委員，接續平反二二八的努力？

一九九〇年我擔任立法委員之後，在施政總質詢時，除了提出廢除中華民國、建立台灣共和國的主張之外，也主張平反二二八事件、訂定二二八和平紀念日，要求國民黨政府公布真相、道歉賠償。那時候民進黨黨團人數雖然很少，但是我們每次排法案就會排「二二八事件賠償條例」。到最後，條文快審完的時候，國民黨不得已才提出相關的對案。

當時有兩個癥結點。第一是條例名稱，國民黨不肯承認「賠償」，他們堅持用「補償」的名義。第二是賠償金額，國民黨不同意我們替家屬爭取的一千萬元，他們提出的金額以六百萬元為限。當時我擔任民進黨黨團總召，黨團會議內部討論，考量國民黨居絕對多數，策略性透過協商，將條例完成立法[4]。通過這個法案，雖不滿意，但我仍感到欣慰。

四、您所觀察到鄭南榕在這項社會運動的行動力？

對鄭南榕來講，行動才是重點，跟隨的人多人少不是重點。他挑戰威權、挑戰禁忌，認為對的事該做就去做。他採取行動，有方法、有策略，不管別人怎麼看他。就像他的死亡一樣，後面的人怎麼看他，他無所謂。

這就是鄭南榕。縱使是一個人孤獨地走在前面，他仍然選擇做對的事情。我很感謝，當他走這一條路的時候，還是有人跟隨，縱使人數不多，「二二八和平日運動」也就這樣到全台灣各地去舉辦了。後來我擔任立委順利推動賠償條例通過，二二八平反總算有一些成果。對我的心也是一個安慰——身為鄭南榕太太的我，看著他冒著危險，看著他孤獨前行，一個小小的安慰。

對很多人來說，鄭南榕是歷史人物，但對我而言，他是我的先生，活生生的人，他被打我會痛！他孤獨前行，我會擔憂！後來當運動有所成果，如果人家把他淡忘掉，作為家屬的我會很寂寞、很傷感。

五、在那個時間點，您個人對鄭南榕的行動是否擔心？兩人有何爭議？

鄭南榕被關的八個月，我每週都去探監。那是很煎熬的日子，先生不在，小孩又小。當他從看守所出來，緊接著又去辦「二二八和平日運動」，我當然會擔心，而且他不管後面的財務狀況如何，就去做全國性的串聯，我當然也會煩惱。

但是他都告訴我：「不要擔心，這些事情你不要管，沒關係，我帶你去聽演講。」對他來說，他希望我跟他在一起，不用害怕，無所畏懼。可是作為妻子的我，總覺得你一個人在頂鋼盔，但我們還有小孩耶。我的個性是比較容易害怕的，我就是一個很平常的職業婦女，只希望我的家庭安全，只希望我的先生、小孩平安。

結果他老是做這些運動，什麼是當代的禁忌他就去挑戰，對我來講都是不安。他在我身邊，是陽光普照，可是他去做這些事，卻是烏雲罩頂。揮之不去的烏雲，就是心頭的不安，不知道什麼時候會再出事，但是他還是一波再推一波去從事危險的行動。

比如他辦「五一九反戒嚴綠色行動」（一九八六），觸犯禁忌就被抓了。到「二二八和平日運動」（一九八七）為突破禁忌而被打。之後又辦「新國家運動」（一九八八）環島遊行……當他一步一步把自己推得越來越危險，我的擔心沒有停止過。而當時，我覺得最壞的情況就是他再度被關，我沒有想到後面的死亡。

我不是「無知」的職業婦女，但是在那個年代，我跟很多人一樣，對不公不義是「無感」的。可是國民黨政府把鄭南榕抓進去，我的「無感」就變得「有感」了，我開始行動，到後來我會投入選舉，也是因為這個緣故。

對於我的擔心與不安，鄭南榕總是有辦法說服我，他會說明、解釋，讓我慢慢理解。所以，鄭南榕也是我的「啟蒙」老師——政治的啟蒙、關心公共事務的啟蒙。當夜深人靜，在我們家客廳，他告訴我很多關於二二八事件的故事。他說：「這些人如果是你的兄弟姊妹、是你的親戚，你會沒有感覺嗎？這些人在那種叫天天不應、叫地地不靈，出門被歧視、被仇視、被隔離的情況下，社會會祥和嗎？二二八事件的傷痕一直在，受難者這麼多、範圍這麼廣，我們可以不關心嗎？」

鄭南榕也常告訴我：「人活著要有尊嚴，我們不要活得像豬一樣。」我問他為什麼要講得這麼難聽？他說：「這樣你才會記住。」我說你為什麼要管那麼多？有事業、有房子、有小孩、有溫暖，多好。他卻說：「豬也有溫暖、豬被宰了都不知道、豬也吃得很好，可是人有反省能力、會思考。人要活得有尊嚴，跟豬不一樣。」他每次講這個我就很生氣，通常他跟我談這些事情都是在家裡，夜深人靜，竹梅睡了。我印象很深，他每次講到最後，都會說：「就是要你記住，就是要你記住。」

我心想我要記得幹嘛？現在我終於知道，我記住才能講給你們聽：「人不要活得像豬一樣，被養得很好、吃得很好。圈在豬圈裡頭，等到被宰了卻沒有反抗的能力。」

六、回頭看鄭南榕與二二八和平日運動，您觀察到後人給他什麼樣的評價？

鄭南榕用他生命中最精華的時間，不斷挑戰當代的禁忌，舉凡解除戒嚴、二二八平反、制憲建立新國家，他為所當為，義無反顧。對鄭南榕來說，他不會在乎後人給他怎麼樣的評價。他只是去做、去完成。最重要的是，鄭南榕和他的夥伴們讓二二八事件從此在社會上不再被當成禁忌，國家機器也啟動對二二八受難者家屬的撫慰、賠償。所以我也沒有這麼在乎歷史的評價，因為我知道我先生真的很棒，做了一件很勇敢的事，沒人要做、沒人敢做，他頂著鋼盔一個人往前走。到現在，社會的傷痕已慢慢被撫平。從基督教的觀點，他是在「行公義」；從佛教的觀點，他做的是「利益眾生」的事。他完成了生命中很重要的意義。

雖然這樣講，不過看到人家談二二八平反都沒有提到他，我還是會生氣。因為討論事情的時候，有時會回歸到一個卑微的願望：要公道。例如談平反二二八，我希望社會大眾給鄭南榕一點公道。特別是當時說他是 trouble maker 的人，要給他一個公道。說他只是一群社會邊緣人跟著他的人，也要還他一點公道。

我知道當時民進黨某些政治人物很討厭鄭南榕，他們很生鄭南榕的氣。因為鄭南榕帶頭做一些事情，他們跟也不是、不跟也不是，讓他們很頭痛。而部分的意見領袖義正詞嚴而道貌岸然，所考量的只是自身的安全，不想失去現在所擁有的，只能夠用嘲笑鄭南榕，來掩飾他們的懦弱跟害怕。

七、您有什麼話想對當代年輕人和民進黨政府說？

鄭南榕生前遺言是「獨立是台灣唯一的活路」。他四十歲不到，以雜誌社為基地，突破了很多當代的禁忌。他針對各項禁忌議題，擬定策略之後就義無反顧地往前走。每一個世代都得面對不同的問題，我要告訴現在年輕人的是：「對的事情，想好策略，勇敢站出來，去行動、去挑戰！」

二〇一六年民進黨全面執政，回想我們年輕時候的理想：「打倒威權、落實公平正義的社會、建立新的國家，透過制憲運動讓台灣成為一個正常的國家，人民可以走入國際社會，可以抬頭大聲驕傲地說我是『台灣人』。」那麼多前輩一路走來，有些人犧牲了，有些人已經走入歷史，可是現在活著的我們在做什麼？

現在的年輕一代——「天然獨」世代，他們在自由的空氣裡頭成長，沒有經歷過威權年代，他們認為台灣本來就應該是一個獨立的國家。但是當他們發現台灣不是正常國家，在中國的打壓和威脅下，也不被國際社會承認是一個獨立自主的國家，便挺身而出，大膽發聲，追求當年我們追求的目標。

全面執政的民進黨政府，我們必須記取歷史的教訓，不要變得保守、瞻前顧後、在高位害怕失去權力而躊躇不前，不要變成我們年輕時所要打倒的對象那樣。我們這一代，面對年輕世代，要有更多鼓勵與包容，也必須時時提醒自己，莫忘初衷，勇敢實踐理想。

1. 聯廣股份有限公司，簡稱聯廣，成立於一九七〇年。
2. 一九八七年二月二十二日，二二八和平日促進會在苗栗市大同國小舉辦演講會。
3. 一九八七年二月二十一日，二二八和平日促進會在三重市明志國中舉辦演講會。
4. 一九九五年四月七日總統令公布「二二八事件處理及補償條例」，同年十月七日施行。二〇〇七年三月二十一日總統令修正公布將補償修正為賠償，並修正全文，該條例名稱改為「二二八事件處理及賠償條例」。

二二八事件轉型正義與族群「迷思」[1]

■薛化元（二二八事件紀念基金會董事長）

前言：二二八事件與轉型正義的根本問題

轉型正義的推動，基本上是從非自由民主體制轉向自由民主體制發展之後，對於過去歷史的重新評價。「轉型正義」在近幾十年來，成為特定國家與社會為追究舊政權昔日所從事的國家暴行，強化轉型社會民主政治運作所依據的反思架構[2]。此一評價的工作，由於是以自由民主體制的價值為基礎展開的，因此，固然是追求自由民主體制下正義的落實，也是鞏固自由民主體制價值的重要工作。從另一個角度來看，這也是為了避免過去非自由民主體制對人權侵害的再現，期望透過記取歷史教訓，以免重蹈覆轍。

如安德魯．瑞格比（Andrew Rigby）指出，轉型正義包含需要真相（need for truth）、追求正義（quest for justice），以及渴望和解（desire for reconciliation）等三個面向[3]。而台灣最基本的問題是：執政者代表國家對受難者做了道歉與賠償（補償），但是，卻是真相追求不足，沒有加害者而無法進行正義的追求，可是卻在基本工作未完成（或進行）的狀態下，輕言和解。白色恐怖如此，二二八事件也是如此。

事件的出土與民間的訴求

一九四七年二二八事件告一段落後，國民黨政權建構的非常（威權）體制日漸強化，對於言論與思想自由的箝制，導致歷經事件慘況以及長期戒嚴與白色恐怖威嚇的受難者或受難家屬，泰半將冤屈內化深埋心底，不敢公開談論二二八事件，更遑論對二二八之平反。整體而言，雖然一九五〇年代海外即有二二八紀念活動，但在台灣內部二二八事件不僅台灣菁英受到嚴重的戕害，社會也籠罩在恐怖高壓的氛圍下，此後二二八事件也成為台灣的政治禁忌，主流媒體幾乎不曾提及該事件，教科書更是隻字未提。

直到一九七〇年末期，隨著黨外運動的發展，二二八相關議題才逐漸浮出檯面。一九八〇年代開始，台灣社會運動興起，不僅勇於挑戰當權者，致力打破負面集體記憶與不合理的體制，其中並逐漸意識到二二八事件，對台灣社會乃至人心所造成的苦難，因此，就在社運團體領銜下，逐漸揭開長久以來國府政治和歷史的禁忌，一九八七年，島內「二二八和平日促進會」與台灣基督長老教會才開平反之端[4]。

一九八七年二月四日二二八和平日促進會宣布成立，當時是在《自由時代》週刊創辦人鄭南榕與陳永興等人倡議，包括陳永興擔任會長的台灣人權促進會、台灣政治受難者聯誼會及各地黨外聯誼會等十三個團體發起，二月十三日由台灣人權促進會等四十一個團體組成的「二二八和平日促進會」正式發表宣言，主張訂定「二月二十八日為和平日」。其後，在全台各地舉行演講及紀念儀式，雖然不少活動遭到治安單位的強力壓制，但也使二二八事件成為一件受國人關注的重大問題。

由陳永興擔任總召集人的二二八公義和平運動正式展開，要求政府必須公布真相、平反冤屈、公開道歉、賠償、興建二二八紀念碑、釋放所有政治犯及制訂二月二十八日為和平紀念日。

其後李登輝總統主政的國民黨政府，回應民間的要求，進行調查報告，並透過立法進行二二八事件受難者後續的補償（賠償）事宜，行政院並依法設立二二八事件紀念基金會，揭開了二二八事件平反的序幕。

民調顯示的族群問題與二二八事件

二〇〇六年二二八事件紀念基金會《二二八事件責任歸屬研究報告》的出版，是探討此一問題的重大突破，特別是根據檔案論述蔣介石是應該為二二八事件負起最大政治責任和歷史責任的「元凶」，更受矚目。這也被批評者認為可能造成不必要的台灣內部的族群衝突。

在一九四七年二二八事件發生後，事情告一段落，台灣省行政長官公署即針對當時外省籍公教人員的財物及身體損失加以補償及撫恤，而受害的一般人民則被排除在外，這也是二二八事件在一九九〇年代開始進入補償（賠償）之後，主要以台籍受害者為重心的原因（事前已領過撫恤及補償者自不應重複申領）。其中一九四七年已經對絕大多數外省籍受害者的補償，往往被忽略，這也是造成誤以為二二八事件的補償（賠償）只針對台籍人士的重要因素之一。

《二二八事件責任歸屬研究報告》出版後，第二年台灣智庫委託民調機構針對紀念二二八事件進行民意調查。根據二〇〇七年二月十三日、二月十四日的抽樣調查，呈現的結果，其中針對台灣社會上有福佬（原資料用閩南）、客家、外省及原住民等諸族群的分別意向，頗具有意義。首先，認為每年不斷地紀念二二八事件會影響台灣社會和諧，有 43.9% 的人認為會，47.8% 的人認為不會，其中認為會影響台灣族群和諧的就政黨傾向而言，國民黨佔 57.2% 的人認為會，親民黨 64.4% 的人認為會，而民進黨支持者有 21.6% 的人認為會，台聯有 44.1% 的人認為會造成影響台灣族群和諧的狀況。再作族群分析結果發現，福佬人也有 40.2% 的人認為會，客家人 52.9% 認為會，外省人 57.6% 認為會，原住民只有 47.9% 的人認為會，換句話說，就族群分析來看，除了福佬人、原住民外，其他族群超過 50% 以上的人認為只紀念二二八，而沒有其他作為，會影響台灣族群的和諧。

不過如果再加上另一個變數，二二八元凶認定是蔣介石，那這樣會不會破壞台灣的族群和諧，認為會的有27.9%，認為不會的有60.9%，換言之，探究蔣介石是元凶，反而有助於台灣族群和諧的狀態。再針對政黨傾向進行分析，其中，認為認定二二八元凶是蔣介石的不會影響台灣族群和諧的，民進黨的支持者有62.8%，國民黨支持者有64.8%，親民黨支持者有76.7%，台聯支持者有48.9%，所以相對應於只是紀念二二八事件，追究蔣介石作為二二八事件元凶的責任，包括國民黨、親民黨的支持者都有相當高的比例，反而是有助於族群和諧的。再就省籍及族群來劃分可以發現，超過60.5%的福佬人認為追究蔣介石是二二八事件的元凶是不會破壞族群和諧的，客家人有64.3%，外省人也有59.8%，原住民也有60.1%，認為追究蔣介石在二二八事件的責任不會影響台灣族群和諧的。就前述的資料來看可以發現，以族群和諧為由阻擋台灣的轉型正義，反而是影響台灣族群和諧的一個不利的因素。

族群定位轉變與二二八事件的轉型正義

一九四七年在台灣所謂本省人與外省人的關係和二〇一六年台灣的內部族群關係，在本質上已經全然不同。一九四七年的外省人基本上被認為是與國民黨當局的統治者是同一個群體，同時也是自中國大陸來台灣接收的統治階級，因而，整個社會氛圍一旦出現對政府的不滿或是平常社會文化的衝突，也會造成波及台灣人與外省人之間關係的因素。因而，當責任未釐清的狀態下，會被誤以為二二八事件是所謂族群的衝突，而忽視了其中外來統治者與被統治者之間嚴重矛盾跟歷史文化社會差異性的問題。

從另一個角度來看，一九四七年當時來台的統治者及相關之人士，大部分與目前台灣島內的外省人沒有關係，既非本人甚至也非其後代。而且在一九四七年中華民國政府敗退到台灣後，台灣內部透過通婚、同事、同學等種種關係，不僅族群之間有彼此交融，而且在成長過程中，有共同的歷史命運，因而，以族群為由反對二二八的轉型正義是有其歷史的誤解。反之，責任的追究、釐清責任的歸屬這類攸關轉型正義落實的工作，則是原本被誤以為是族群問題的二二八事件，甚至某些族群是二二八原罪的問題，得到歷史性的拆解，也得到根本性的解決，如此，對於台灣內部各族群之間的彼此諒解、互動反而提供了良好的基礎。

1. 本文是根據過去研究成果改寫而成，參見薛化元、楊秀菁、蘇瑞鏘，《戰後台灣人權發展史》（板橋：稻鄉，二〇一五）及薛化元等著，《戰後台灣人權史》（台北：國家人權博物館籌備處，二〇〇三）。
2. 石中山，〈轉型社會的民主、人權與法治──關於「轉型正義」的若干反思〉，收入：施正鋒編，《轉型正義》（台北：台灣國際研究學會，二〇一三），頁三十七。
3. 參見施正鋒，〈以轉型正義的探討──由分配到認同〉，頁二。
4. 參考「二二八平反運動紀要」，財團法人二二八事件紀念基金會，瀏覽時間：二〇一六年九月十四日，網址：http://www.228.org.tw/pages.aspx?v=E8A16697235ABE57。

第二章

每個人的名單

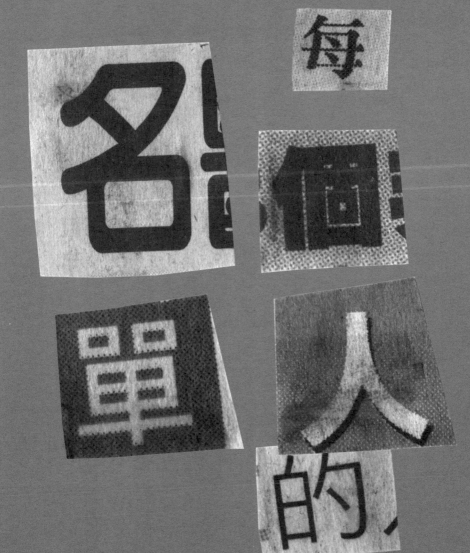

新聞界從此進入黑暗時代

【資深新聞工作者／盧世祥】一九四七年發生的二二八事件，是台灣歷史上極大的悲劇，不僅事件過程殘暴慘烈，死傷人數眾多，後續衝擊也全面而深遠。七十年後的今天回顧這一事件，「檢討過去，策勵將來」的意義依然重大。

從新聞媒體的角度檢視二二八事件，有幾個要項必須探究。最基本的，呈現事實是新聞工作者的天職，當時的媒體在這方面的報導及評論表現如何？其次，新聞工作者在事件中被當局列為扼殺的對象之一，新聞界整體受害的情況如何？另外，事件之後當局繼之以實施長年白色恐怖，新聞自由是國家社會正常發展的基礎，新聞界所受禁錮對往後的影響為何？

二二八事件的緣起，各方論述甚多。基本上，一九四五年八月日本投降，並未讓台灣人成為自己土地的主人，台灣所迎來的，是另一個外來政權，不但把台灣當戰利品，也把人民當被征服者。起初，有不少人對回歸「祖國」帶有期盼，但從與中國接收軍隊第一次接觸，就讓台灣人失望。其後由陳儀所領導的軍政當局，倒行逆施，導致政經倒退，蒼生受害，社會怨聲載道；二二八事件是因此所引爆、人民要求改革、同時而全面的行動。其間，台灣人民進行政治交涉、武裝抗爭，卒因欠缺有力的領導，無以對抗來自中國的大軍壓境，慘遭屠殺鎮壓而以失敗收場。

從一九四五年十月，到一九四七年二月底，新外來政權帶給台灣什麼？

先是「接收」的第一次接觸。台灣布袋戲大師李天祿當年曾到基隆碼頭迎接「國軍」，有一段回憶：「大家看到一群黑黑髒髒的阿兵哥穿著草鞋、揹著紙傘，腰間繫著網袋從船上走下來時，全部的人都傻住……那些國軍就像乞丐一樣！大家的心都冷了半截，派這種兵來『接收』台灣，將來台灣還有前途嗎？」在高雄港代表市民迎接的參議會議長彭清靠見到同樣場面，與在旁列隊軍容整齊的日軍相比，覺得一生從未如此羞愧過，「如果旁邊有一個地洞，我早已鑽入了。」

這種「接收」果然出問題。詩人、企業家陳逢源曾參與抗日運動，一語道出箇中癥結：接收官員貪污很多，大家都說「接收」為「刼收」。作家吳濁流二二八事件時擔任《民報》記者，著有小說《波茨坦科長》，其中主角范漢智向他新婚台灣妻子所說的話很傳神：「玉蘭，台灣真是好地方，由重慶只穿一領西裝，不久就可以做百萬富翁，或千萬長者，真好。」

於是，有如歷史學者李筱峰所描述，戰後台灣陷入如下的景況：政風腐敗，特權橫行，經濟壟斷，生產大降，米糧短缺，物價暴漲，失業激增，軍紀敗壞，盜賊猖獗，治安惡化……

新外來政權如此表現，歷經日本五十年統治的台灣人民兩相比較，有如國際知名的戰地記者貝爾登（Jack Belden）所報導，一張畫著「一隻從台灣島逃出去的狗和一隻跑進來的豬」海報到處可見，海報的旁白是「狗雖吵卻能守護人，豬只管吃和睡」；「狗去豬來」，簡單明白，充分道盡台灣人民的感受。

當時的新聞媒體，對台灣人民的感受有不少著墨，且大致如實描繪。舉例來說，在一九四六年三月，亦即台灣「光復」後不到半年，《民報》就有社論〈祖國的懷抱〉，指：「祖國的政治文化的落後，並不使我們傷心，最使我們激憤的，是貪污舞弊，無廉無恥。」又過七個月，《民報》十月一日再以社論說出社會心聲，「由外省搬入許多貪污頹廢的惡作風，把諸君的熱情吹冷了。」

事實上，一九四六年冬，包括官方的《台灣新生報》及民營的《民報》、《人民導報》、《中外日報》都曾不斷以新聞及社論反映當時存在的失業、罷工、米糧短缺、民生痛苦等問題。甚至在一九四七年二月二十七日，《民報》還以社論警告，物價高漲、民生困苦、貧富懸殊已導致社會不安，「這個趨勢走到極端，便會變成整個社會的動亂。」不幸，這一〈中間階層的重要性〉社論發表當天，事件就在台北引爆。

二二八事件發生後，當時以報紙為主的媒體報導，可分兩段觀察：儘管行政長官公署宣傳委員會禁止報導事件爆發當日詳情，在三月八日蔣介石派兵抵達之前，報紙不論新聞或評論，大致都能據實陳述；俟大軍已至，陳儀翻臉不認帳、大開殺戒的同時，新聞自由旋遭壓制，真相與報人一併慘遭謀殺。

事件於二十七日下午七時爆發，屬於官方的《台灣新生報》二十八日在第二版下方刊出「查緝私煙肇禍　昨晚擊斃市民兩名」，新聞篇幅不大，地位也不顯著。當天下午，該報出了號外，報導上午起民眾前往太平町警察派出所、專賣局及長官公署抗議並遭衛兵開槍死亡的新聞。同一天，《民報》也以「延平路昨晚查緝私煙隊　開槍擊斃老百姓」為題報導。

隨後幾天，在各地傳出事件後續反應、處理委員會成立及會議經過，各家公民營報紙的報導及評論都尚能反映真實，呈現各地狀況。即使戰後由國民黨中央宣傳部在台南創立的《中華日報》，三月一日也出號外，一版頭條題為「台北發生不幸事件　查緝私烟開槍擊斃二命　民眾憤慨要求嚴懲凶手」；並在三月五日以社論〈我們的迫切呼籲〉，指責當時的政府「政治感應太遲鈍了」。

事實上，陳儀在三月六日已請中央派兵前來；蔣介石所調軍隊八日分抵基隆及高雄之後，情勢丕變。八日中午，憲兵團長張慕陶還在台北中山堂向事件處理委員會肯定其政治改革目標，並表明願以生命擔保中央絕不調兵前來；但同日下午，大軍掩至，且從基隆一路殺到台北。陳儀對付處理委員會的兩面手法至此圖窮匕見，與張慕陶的「說一套、做一套」中國功夫，直令許多台灣人「祖國」夢碎。

新聞媒體此時與台灣社會一樣，自此遭到蹂躪，情況既慘，時間亦長。大軍壓境之後，當局把二二八事件由原先民眾要求合理改革的社會運動，定性為「奸偽分子的陰謀暴動」，加上行政長官公署為了管控言論，由警備總部三月八日將十一家報社、一家印刷廠查封充公，立即停刊，並查扣焚燬書刊，眾多新聞從業人員旋即遭逮捕或殺害。

其中，《民報》社長林茂生、《人民導報》社長王添灯、前社長宋斐如、《台灣新生報》總經理阮朝日、總經理吳金鍊、高雄印刷廠廠長林界是代表性人物，他們以言論獲罪，慘遭殺害，有的甚至屍骨無存。新聞工作者同時遇害，凸顯事件中的屠殺，對一般百姓也許不分青紅皂白，清除知識分子及社會菁英的行動卻是有目標而針對性的。二二八基金會認定的新聞界受難者至少四十九人，新聞工作者呂東熹估計受難近百人；但阮朝日女兒阮美姝長年追蹤調查，如包括被監禁及逃亡海外者，株連多達四百人。

當局既為事件定性，且對媒體使出殺手鐧，報導與評論乃同時變調。陳儀三月十日廣播出現「搶奪軍械」、「襲擊機關倉庫」、「叛國」等指控，而隨著處理委員會被視為叛亂團體，「暴徒」、「奸黨」、「流氓」、「叛亂」、「事變」等罪名也出現在官方文宣及新聞報導中，甚至還把共產黨拉進來，以轉移「官逼民反」、「腐敗政治的結果」等指摘。其間，對於官方鎮壓行動，頻頻出現「軍訊」及中央社的新聞稿，來源及立場顯由官方提供。尤其在中國的《中央日報》，不但偏重陳儀的官方說詞，還刊登「台胞死傷不足百人，外省人則死傷超過四百」等有意誤導的不實報導；當局甚至散布美國領事館遭襲擊的消息，旋遭美國方面否認。

官營的《台灣新生報》三月二十八日社論最明顯，它以〈二二八不是民變〉為題，宣稱：「此次事件完全出於有計畫的預謀，查緝私煙之引起死傷，不過是它的導火線。主謀者是懷有政治陰謀與野心的亂黨奸徒，和過去日人豢養下的一些鷹犬，附從者是一群被唆使的地痞流氓和一部分被煽惑被脅迫的青年學生……」除了共產黨，它已幾乎一網打盡，且把陳儀失政等事件基本肇因推得一乾二淨。

新聞界經此摧殘，對台灣傷害極其嚴重。首先，二二八自此成為禁忌話題，長時間消失於新聞報導中，讓不少台灣人民竟不知自己的土地曾有此悲慘歷史。《聯合報》的民調顯示，事件發生四十一年後的一九八八年，台灣民眾不知二二八者竟多達百分之八十五。民主化是最終打敗統治者企圖讓史實消聲匿跡的利器，直到一九九〇年代事件才逐漸廣為台灣人民所知悉。

其次，新聞媒體成為外來政權的禁臠，不論報紙、廣播及後來的電視，在本土新聞菁英慘遭翦除之後，經營主導權盡落入外來族群手中，直到一九八〇年代末期受民主化浪潮衝擊而媒體解禁之後，本土媒體才現生機。以「台胞不解國語、國文」為由，新聞界人事也出現明顯的省籍落差；威權時代「兩大報」之一的《聯合報》系到創報四十年，才出現第一位本土總編輯，即其顯例。

更嚴重的，戰後長期執政的黨國當局，食髓知味，持續禁錮言論，進行文化檢查，扼殺異議，新聞、學術、文化界動輒以言獲罪，當事人被捕、刊物遭禁的案例層出不窮。其間，「侍從報業」或「侍從媒體」大行其道，黨報及「兩大報」主持者躋身黨國要員，論及政治不敢直言，常需曲筆。新聞及言論出版自由最終靠「黨外雜誌」前仆後繼與民主的力量，才得以有進展。

一九七九年發生高雄美麗島事件，當局故技重施，把它定位為暴亂事件，且透過其所掌控的媒體，將黃信介等黨外人士盡打成叛亂分子，卒因台灣民主力量已不可輕侮，加上美國施壓，而以失敗收場。

就此而言，二二八事件是台灣新聞界進入黑暗時代的開端；所幸經台灣人民不斷奮鬥，形成沛然莫之能禦的民主潮流，新聞自由才得以光臨台灣。

講二二八，坐叛亂牢——從政治案件看二二八厲禁

【資深出版人、文史工作者／李禎祥】戒嚴年代，根據筆者的研究，在政治上大約有五個「高度禁忌」：二二八提出、左翼思想、台獨主張、兩蔣批判、組黨行動。後四者，從思想、主張、批判到行動，都有其禁忌的範圍，也就是當局能夠忍受的程度，唯獨二二八最為特別，連提出都相當罕見。

二二八：戒嚴年代的最大禁忌

從這點來看，二二八或許是戒嚴年代的最大禁忌，在「公領域」（如媒體）幾乎徹底消失，只能在「私領域」（如家庭）透過口耳相傳，並附加「千萬不要講出去」這類的警告，形塑它的禁忌氛圍。

這也意味著，在戒嚴年代，二二八沒有言論自由，或人們沒有「言論二二八」的自由。學界常引政大新聞研究所夏春祥的博士論文統計，謂一九四八年至一九八七年，整整四十年間，台

灣三家主要媒體《台灣新生報》、《中國時報》、《聯合報》，報導二二八事件相關的新聞，竟然只有十四則。

夏春祥用苦功做學術的精神令人敬佩，不過數據可能不盡精確。筆者不敢妄斷聚焦二二八的新聞有多少篇（或許接近夏春祥的統計），只就關鍵字「二二八」，利用「聯合知識庫」搜尋，還是可以搜出若干「遺珠」。這些二二八的片段訊息是隱藏在新聞或副刊的深處，而且在戒嚴年代的新聞檢查下，內容觀點須符合官方口徑，不可能有抵觸性的論述。換言之，二二八還是沒有言論自由。

二二八議題在公領域幾近絕跡，長達四十年之久，是相當不可思議的事；更不可思議的是，它不是透過法令規章予以明定，而是透過「潛規則」而形成，這才是二二八最可怕的地方——光是其餘威，就足以讓兩代的台灣人，不論本省或外省人，一致噤聲。究其原因，最主要是白色恐怖接踵而來，長期打壓言論自由，和二二八形塑的恐怖氛圍順利銜接。或者可以說，二二八藉由白色恐怖延續其威勢，強化其禁忌。

二二八的追殺，延續到白色恐怖

事實上，從許多案件可以看出，二二八的後續清算並沒有在一九四七年打下句點，而是延續到白色恐怖的四十多年歲月。其中，有些是追究舊帳，有些是懲罰言論；還有些案件，羅織得非常莫名其妙，充分展現「追殺異議」的恣意性。

在清算舊帳上，一九五一年的葉石濤案是典型的例子。當局指控他「知匪不報」，所謂「匪」，指的是黃添才和陳福星。其中陳福星，葉石濤的判決書說，一九四七年二二八發生後翌日，陳福星前往葉石濤家，「告以台北發生暴動，囑聯絡青年反抗政府。」葉石濤沒向政府告發陳福星，四年之後，特務追算這筆舊帳，連同其他舊帳，將葉石濤判刑五年。

又如一九五二年的張有義案。台東農人張有義與張溜（雲林人，死刑）有親族關係，官方指控張有義明知張溜為「二二八事變活動共產黨分子」，並於一九四八年為張溜運送三枝手槍到台北交張道福，而將張有義判刑十五年。

張有義運輸槍枝，如果真有其事，根據當時適用的法條（一九四八台灣尚未戒嚴）《刑法》第一八七條的「加重危險物罪」，刑期僅為五年以下。然而這句「明知張溜為二二八事變活動共產黨分子」卻使全案朝叛亂方向偵辦，導致運送槍枝的張有義被以「意圖顛覆政府而著手執行」（即二條一）罪名重判三倍刑期。

值得注意的是，張有義並沒有參加二二八，只因為幫參加二二八的親族運送槍枝，即受重懲。這在某種程度上，可視為二二八清鄉連坐的延伸。此外，葉石濤案、張有義案的案情，分別發生在判刑所據的《檢肅匪諜條例》、《懲治叛亂條例》公布之前，也就是說，這兩案都是「溯及既往」，也就是溯及二二八，清算意味不言可喻。

類似的例子還有黃開案。黃開是雲林農人，因為和一名女子吳碧霞有借貸關係，而認識其夫陳明新（死刑）。一九五一年七月，陳明新夫婦來找黃開，說陳因為參加二二八，被關了三年，出獄後，政府又要抓他，請求借住，黃開就讓他們住了十一、二天。結果，黃被以《懲治叛亂條例》「藏匿叛徒」罪判刑兩年，刑滿再感化三年，總共坐了五年牢。

以上三例：葉石濤、張有義和黃開，本身都沒參加二二八，只因和參加二二八的人有所牽連，遂在白色恐怖期間被定以「叛亂」罪。他們的受難，其實都是二二八的邊際效應。由此不難得知，為什麼民間不敢提二二八，因為它的株連性太強了。

講二二八，等於「為匪宣傳」或「思想有問題」

二二八被政府懸為厲禁，不只是對本省人；外省人講二二八，照樣遭殃。一九六〇年，陸軍砲兵中尉何誠（安徽人）被指控「多次發表荒謬言論」，包括「孫立人如果那次成功的話，奉天是安徽人的天下，哪有老傢伙幹的。如果孫立人當了總統，阿兵哥都拿美鈔，穿皮鞋沒有這樣苦」、「二二八事變後，政府當局要派蔣經國來台主政，並向當局建議殺盡十六歲以上台胞，因他們曾受日本教育思想，都不可靠，未為當局採納」等語，被以「為匪宣傳」罪判刑八年。

又如一九六一年，基隆港務局人事管理員陳恆昇（安徽人），被控曾以簫吹奏秧歌，又曾對人說：「二二八事件，乃國軍來台時擾民的後果。當時國軍在嘉義機場見青年即活埋；台北方面則以麻袋裝人往河裡丟；基隆港口之海軍小艇，見人即以機槍掃射，因而造成台灣人始終恨內地人。」結果吹秧歌，被定以「為匪宣傳」罪（懲治叛亂條例）；講二二八，被定以「構造謠言」罪（陸軍刑法）。兩者合計，判刑七年。

這兩例顯示，戒嚴年代講二二八，等於「為匪宣傳」或「構造謠言」。雖然這兩人的說法難以考證（如何誠）或並不真確（如陳恆昇只有台北部分堪信；嘉義和基隆部分，活埋掃射為真，情節疑有誤植），但這是二二八真相被封鎖的必然結果，以叛亂罪嚴判，完全沒有道理。

二二八不只不能講，也不能寫。一九六四年，台北市政府社會局福利課僱員張四端（台北市人），被控在當年二月二十八日，書寫「二二八十七週年」紀念標語一張，貼在市政府門前的公告牌。當天就被捕，後交付感化三年。感化的意思，就是表示「思想有問題」，要坐牢加洗腦。

隔年（一九六五），一位陸軍部隊下士陳盛明（台中縣人），被控服役期間寫信給妻子時，連續傳播「不實消息」。判決書說其內容：「指當二年兵就好像判了二年刑腳鐐手銬沒有自由可言；並將榮團會比為『鬪爭會』，稱司令官為『皇帝』、『小島大王』，連長為『緊張大師』；軍營生活如同共匪『奴工營』，連上幹部為『外省豬』，並以彼等對其之正當管教誣為『奸詐』、『都是黑心腸的』；又以之與『二八（二二八）事件的大浩劫』相牽攀，復稱共匪為『阿共伯』。」交付感化三年。

一九六七年，在馬祖服役的防砲旅機槍士張嘉助（雲林人），被控曾在部隊跟人說「因為阿蔣與阿毛爭王，才弄得我們來當兵」、「還不是阿蔣與阿毛爭王，才會使得中國分成兩半」等語；又曾用釣魚鉤，在部隊露天飯場擋風牆的瓊麻葉上刻寫「忍耐沒忘」、「二二八事件」等字，被以「為匪宣傳」罪判刑五年。

這三人的例子顯示，二二八絕不能被書寫，不管是公開張貼、或寫在私信，甚至刻在樹葉，不管是全稱（二二八）或隱語（二八），都不能寫。特別是張嘉助以隱語刻在瓊麻葉上，照理相當隱密，若非被人監視，不太可能罹網。不過這些例子也說明，二二八儘管被當局極力封鎖，台灣人還是會紀念它，對它「忍耐沒忘」。封鎖與忍耐之間，是有巨大張力的。

厲禁之因：將二二八的聽說讀寫「叛亂化」

二二八不只不能講、不能寫，也不能聽。例如一九五四年，土城鄉農民葉金水（台北縣人）被控曾在蕭有本（農人，死刑）家中，聽陳義農（工人，死刑）「講述社會發展史、農民的痛苦、二二八事件等有利於匪幫之宣傳言論」（判決書語），被以「知匪不報」罪判刑三年。這例子顯示，官方認為二二八言論是「為匪宣傳」，是不能聽的。如果聽到有人講二二八、陳述農民痛苦、對社會發展的詮釋與當局不同（即剝削、鬥爭的左翼觀點），就必須懷疑他是匪諜，而向政府檢舉；若不檢舉，就是知匪不報。

二二八不只不能講、不能寫、不能聽，甚至不能看、不能想。例如一九六二年，高雄縣議會總務主任王啟昌（高雄人）和美濃國中教師王丁德（高雄人），被控曾在一九五六年經常閱讀《自由中國》雜誌，受該雜誌所載「韓國政變後，（國民黨）政府如不改革，可能會有第二次二二八事變發生」等言論影響，「乃各萌反動思想」（判決書語），都交付感化三年。看到《自由中國》關於二二八的言論，就會萌生「反動思想」，必須坐三年感化牢，這是現代人很難想像的。

以上這些例子，都彰顯出一條鮮明的脈絡，就是國民黨當局將「二二八」和「匪」、「叛亂」直接扣上，從而所有談論二二八、書寫二二八、接觸二二八的當事人，都是涉嫌「叛亂」，都可以用《懲治叛亂條例》、《檢肅匪諜條例》的「為匪宣傳」、「知匪不報」、「藏匿叛徒」等罪名，判以數年徒刑；即使這些罪名羅織不上，也可認為其思想有問題，而交付感化。

事實上，前述陳恆昇的判決書便已提到：「查二二八事件，係共匪製造之變亂，該被告竟妄指為國軍來台時擾民之結果。」顯見官方將二二八定調為「共匪製造」，跟「國軍擾民」沒有因果關係。在這個脈絡上，二二八與白色恐怖無縫接軌，兩者的成因，都可以解釋成共匪叛亂；從而兩者的鎮壓，也都因「反共」而具有高度「正當性」。

以上是從政治案件的角度，來看二二八言論禁忌的形成。當然政治案件的羅織不是唯一原因，當局對二二八相關人員清查、登記、造冊與長期監視（有六千三百一十七人，被以「戊寅分子」列冊監控），雖說是祕密為之，但被監控者不可能完全無感。當他們覺得被監控時，二二八的陰影自然上身，禁忌也自然啟動。

禁忌已解，真相成謎

二二八的言論禁忌，直到一九八〇年代前期依然是鐵板一塊。就筆者所見，當時已經不像一九五〇、六〇年代那樣，因二二八言論而羅織政治獄，但公共領域還是不准出現。主流媒體自不待言，即使非主流的黨外雜誌，也會因提出二二八而遭查扣、停刊。例如一九八三年二月二十五日，《深耕》第二十八期刊登〈二二八事件的官方紀錄〉；加上二月二十八日，刊登社論〈默禱〉，被以「混淆視聽」之名停刊一年。

又如一九八四年三月三日，《前進時代》第七期以「走出二二八的陰影」為封面故事，在摺紙廠尚未裝訂時，即被警總人員搶走、查扣，該期雜誌遭停刊。三月十日，第八期刊登社論〈後二二八的沉思〉，也被查扣停刊。

國民黨當局封殺二二八言論的結果，就是台灣人的歷史失憶。也就難怪，一九八八年二月《聯合報》所做的一份電話民調顯示，知道「二二八是光復初期發生在台灣的流血事件」的人，只有百分之十五；而其中，又有七成一認為現在「已沒有必要一再提起二二八，應該讓歷史的悲劇過去」。

換言之，有八成五的受訪者，不知道什麼是二二八。設若前一年（一九八七）鄭南榕沒有突破二二八禁忌，舉辦各種紀念活動，讓二二八終於登上媒體版面，台灣人不知道二二八的比例必然更高。然而，在高達八成五的民眾不知道二二八的情況下，那一成五知道二二八的人，竟然有十分之七比例，希望二二八不要「一再提起」——問題是，二二八被噤聲了四十年，好不容易才開始被提起，不是嗎？

這就是時代的巨大荒謬，也是二二八深入骨髓的恐怖，更是國民黨當局的成功封殺。這四十年的封殺，帶來無可彌補的損失。表面上，如今二二八的言論好像完全解禁了；事實上，許多二二八的受難真相，已經永遠難考，永遠成謎，永遠消失……

歷史的迷障、文學的迷惘——二二八，文學的見證

【詩人／李敏勇】出生於一九四七年的我，似乎與二二八事件有一種宿命的關連。一九六〇年代初，在高中時一位體育老師指著面對運動場紅磚教室牆壁的一些彈孔，說那是當年二二八事件時機槍掃射的痕跡，成為種子留在我腦海。後來，那成為我的一首詩。

〈血腥記憶〉（一九九一）

遺留在學校磚牆的彈孔
凝視島的歷史

血
腥
盤旋在空氣之中

自由的風
努力清洗記憶的塵埃

但日落後
仍聽見啼泣之聲

其實，我的詩最早觸及二二八的是〈不死的鳥〉。在一九七三年發表。

死了的故鄉上空
盤旋著一群鳥
像飛揚的
含冤詩篇

睜眼
就在眼前
閉眼

就在瞳睛裡
鳥的翅膀
載著我的腦髓去巡梭
去追蹤凶手的足跡
去細讀那一頁白骨的構圖
去復活土壤
那是不死的鳥
不被吞沒的
我們的心

二二八事件的沉冤歷史，一直要到一九八〇年代末期，亦即事件發生四十年之後，才被以「和平運動」的主題重新被記憶。那是一九八七年的二二八紀念日，陳永興、鄭南榕、李勝雄主導，以台灣人權促進會為基地成立的二二八和平日促進會發起的運動，第二年，在台灣基督長老教會積極參與後，改以二二八公義和平運動，加了「公義」的主題。鄭南榕以一位出生於一九四七年、二二八事件發生之年的一位外省人第二代，面對二二八事件糾葛在心理的情意結，點醒了在死滅歷史中徬徨的台灣人。如今，二二八事件已不是政治禁忌話題，並且藉由事件彰顯國民黨中國據台統治的暴行，促進台灣人民覺醒，推動台灣民主發展。

二二八的沉冤歷史，是埋沒在國民黨中國的長期戒嚴統治（一九四九—一九八七），這種政治公害對戰後的台灣文學和藝術傷害極大。就像一九四九年，國民黨中國流亡來台後，以反共（反共抗俄，反攻大陸解救同胞）為國策的戰鬥文藝，文學和藝術長期陷於蔣體制統治教條與神話，對歷史的真相全然無視，而形成的文學、藝術病理一樣。

我曾在〈戰後台灣文學病理與生理〉（一九八九）的論述，提出：「對於戰後台灣人文學而言，凝視二二八事件的意義廢墟，從灰燼裡堆積的破壞祖國憧憬和中國接觸的悲慘體驗，才能調整出邁向族群新的路程視野。然而，操持日文的台灣人作家的語言斷絕以及白色恐怖噩夢，雖則他們目擊並親身經歷了歷史現實，也無能為力。而後續的台灣人作家，由於橫行的恐怖噩夢，或由於體驗之不足，除了極少的作家外，亦沒有在這一關鍵性歷史經驗上，投入墾拓的心影。沒有通過這一個歷史經驗的嚴酷煉獄，戰後台灣人文學的現實與社會意義變得欠缺不足，逐漸脫離真正精神史的行列，因而也充滿虛飾矯情。」（收入《戰後台灣文學反思》自立晚報出版，一九九四）

在極少的台灣文學二二八歷史經驗中，一些跨越語言一代詩人的作品是彌足珍貴的存在。特別是一九五〇年代，事件發生後不久，藉由詩這種隱晦的文體，留下了極少的目擊者風景：

在那邊
像路斃，我曾倒下
太陽晒枯了我的生命
夜寒冰凍了我的心靈
啊，在那一個時期，我確曾死過了一次
——吳瀛濤〈在一個時期〉摘抄，一九四七

走了五六步
再回頭看
全部的景色
早被眼淚溶化了……
——林亨泰〈溶化的風景〉摘抄，一九四〇年代

蚊子也會流淚吧……

因為是靠人血而活著的
而　人的血液裡
有流著「悲哀」的呢
——錦連〈蚊子淚〉，戰後初期

這些在場的詩人留下的少數作品，見證了二二八事件的心境和風景。一九九七年，二二八事件五十週年時際，我編集出版了一本二二八詩集《傷口的花》（玉山社），「以詩為花紀念二二八，在受傷的島國種下希望的樹」，收錄當時公開的詩人作品。見證一代詩人的作品也在其中，但有許多是在一九八〇年代後的作品，更多的是戰中或戰後世代詩人在解嚴之後的詩，是後二二八世代的歷史回顧。我的一首〈這一天，讓我們種一棵樹〉，改寫的台灣版〈悲傷的歌〉和〈愛與希望的歌〉，後者在作曲家蕭泰然〈一九四七序曲〉，成為其中的一首唱曲。但若與戰後世界文學，戰後世界詩，都從凝視戰爭造成的文化意義的廢墟走過來相比，畢竟不能成為戰後台灣文學的奠基意義。美術、音樂等藝術，也一樣。比起二戰後德國的文學反思，或日本的文學反思、韓國的文學反思，戰後台灣文學受囿於戒嚴統治的加害者體制影響，二二八事件在某種意義上是被遺忘的歷史。

小說家吳濁流的《無花果》是一本以二二八事件為題材的報導文學，也是本自傳小說，但在一九七一年出版時就被查禁。二二八事件在戰後台灣文學的幾近空白化是相應於戒嚴長時期的文化現象。這種空白化相對照的是反共八股文學的浮濫化，也是戰後台灣文學病理之所在。二二八文學作品或被壓抑在戒嚴政治的牆角，或被棄絕在文學出版流通的荒野，一直到一九八〇年代開展二二八公義和平運動時，才在閱讀與書寫的暗夜被探照出來。

林雙不編《二二八台灣小說選》在一九八九年由《自立晚報》出版，收錄了十個短篇，包括呂赫若〈冬夜〉等，這是一九八〇年代較為廣泛重現的二二八文學指涉。

一些見證者的作品被發現，更多的是後繼者的隔代見證。二二八事件的政治禁忌被打破後，一些短篇小說、長篇小說，例如許俊雅編《無語的春天——二二八小說選》；原住民小說家田雅各的〈洗不掉的記憶〉是原住民的二二八事件見證；廖清秀的《反骨》、李喬的《埋冤·一九四七·埋冤》、鍾肇政《怒濤》，都為二二八事件文學提供見證。女性作家陳燁的《泥河》、「外省人」作家林燿德的《一九四七高砂百合》也提供了另一種視野。宋澤萊在解嚴之前出版的《抗暴的打貓市》、二〇〇五年胡長松的《槍聲》，和收錄在《天·光——二二八本土母語文學選》則是通行台灣語學的二二八見證。而其中的《天·光》在二二八事件六十三週年時際，由國立台灣文學館出版，可以視為二二八事件的文學復權，也可視為二二八文學空白化的一種補救。

解嚴「民主化」開展了台灣的新歷史，但政治公害隨即被商業公害乘虛而入。病理嚴重、生理不足的戰後台灣文學生態，文學的社會條件脆弱，文學在國民生活文化志向中的位置不明顯，娛樂性重於反思性，台灣社會似乎未能經由文學的有意義閱讀尋覓共同體的新視野。而此時的國家重建和社會改造也沉溺在物質主義迷思的拚經濟思維。血腥的二二八記憶存在於歷史的暗夜，雖然在解嚴的黎明中被凝視，但這樣的凝視仍然是片面的凝視，就如同二二八紀念是片面的紀念，而未能成為生活於台灣的不同族群，在建構從命運共同體到自由人共同體的共同歷史。加害者和被害者仍糾葛在過去的迷惘和迷障之中。

從電視劇談影像

【導演／鄭文堂】這是一篇主張影像工作者要勇於拍攝社會議題的文章，內容所談到的許多運動與作者，也是我個人在影像創作這條道路上的指引者。從一九九九年的第一部電影短片《明信片》到二〇一五年的電視劇《燦爛時光》都是在這個心路歷程底下創作的。

台灣曾經在戒嚴體制下被軍政權管控了三十八年，戒嚴的年代，在中山北路士林官邸沿途隨便拍照，動輒被憲兵搜身盤查，不從者甚至被帶回憲兵隊拳打腳踢。舉凡海邊、軍營，跟軍事安全沾到一點邊的地方，都不是隨便拿起照相機就可以拍攝的，更何況是攝影機。

一黨專政的國民黨對於電影電視的嚴密審查制度，在戒嚴時期，幾乎是到達滴水不漏的境界，毫無自由人權可言。當時的影視作品除了表揚軍方功績，符合忠黨愛國形象的軍教電影，還有風花雪月的題材之外，其餘有關描述工農階級社會問題的電影都不准碰觸，更何況是挑戰威權體制的政治議題了。可悲的是這個長期戒嚴的餘毒仍然留在台灣人民的心靈裡，當一個民族的電影工作者提出認同國家、主張追求獨立跟自由的作品時，還是會被貼上「政治化」的標籤，而這個標籤又總是被媒體污衊成偏狹的字眼。經過這種刻意窄化的結果，造成現在許多台灣人對於只要碰觸社會改造或者政治運動的藝術表現，往往會即刻轉開他的眼，關閉他的心。

事實上，影視創作與政治議題的連結，在世界的其他國度裡案例不少，隨手舉的例子就像美國影集《白宮風雲》、《紙牌屋》，還有鄰近的日本、韓國的連續劇，每一天都在播出這樣的戲劇。

一九七三年，發生在智利的政治事件，陸軍總司令皮諾契特發動流血政變，推翻信仰社會主義的民選總統阿葉德。阿葉德被殺，智利開始進入長達十六年的軍事獨裁黑暗世界，數萬名社會菁英因此被殺、被逮捕、失蹤，或被迫流亡海外。

其中在一九八五年的時候，有一個流亡海外十二年的智利導演密戈爾．立頓，在經過精密的策劃之下，冒著生命危險，化妝並使用假名假護照潛回自己的祖國智利，他為的就是拍攝一部在戒嚴體制下，智利人民生活現狀的紀錄片。經過四十幾天的冒險，他完成使命拍完紀錄片，並且讓拍攝完成的底片還有自己的生命，安全地離開智利。

密戈爾．立頓相信電影的力量可以震撼皮諾契特政權，所以冒著可能被捕，甚至被殺害的風險拍攝電影。

跟他一樣懷著相同的信念的影像工作者，存在於每一個時代以及地球上的每一個國度裡。密戈爾．立頓以生命冒險去實踐電影足以帶動改革的美好理想，這個理想也經過諾貝爾文學獎得主馬奎斯的參與，將整個行動寫成小說體的報導文學作品，兩種藝術的跨界連結，獲得國際上更廣泛的注目。

在同一個時代的玻利維亞，導演約吉．桑傑尼斯於一九六九年完成的作品《禿鷹之血》更是展現強烈的力量，這部電影譴責玻利維亞政府讓美國以「和平工作團」的名義，對安地斯山脈的原住民進行強迫結紮的手段。影片中的原住民婦女被安排進入醫療團所設置的場域，進行結紮手術，事先卻沒有經過當事人同意。桑傑尼斯以這部電影提出強烈控訴。影片在玻利維亞上映之後，旋即引起一場全國性的爭議，最後玻利維亞政府也不得不在壓力之下，請美國的「和平工作團」打包出境。

這些創作者相信電影可以讓人民更深入洞悉獨裁政權施行罪惡的內涵，相信真實的影像所帶來的力量，可以啟發觀者的意識，並且進一步挺身而出加入改革的行列。在一九五〇到一九七〇年代，拉丁美洲、非洲、亞洲等第三世界國家的許多影視工作者，因為堅信並且訴諸行動於影像所帶來的進步力量，只有極少數的人可以在獨裁體制的夾縫中，勇敢創作又得以全身而退，大多數在這條陣線上的電影工作者都為此付出了代價。

當這些國家的軍事政權行使武力壓迫時，獨裁者最清楚貼近人民需求的電影與劇作，會帶來顛覆性的力量，所以許多電影作者與劇作家往往首當其衝，因而下獄。有人被迫流亡海外，也有人選擇留在自己的祖國繼續奮鬥。而留下來的那些人，在強權的壓制下終其生沒片可拍，或者忍辱改拍跟人民生活無關的題材。其中最悲慘的是，有些人就跟巴西電影工作者弗拉第米蘭．荷佐的遭遇一樣，在非正式審判的監禁中失蹤，然後被祕密處決掉。台灣在二二八事件之後被逮捕的劇作家簡國賢，也是相同的遭遇。

事實上，最了解影視的力量，就是美國，最害怕影視力量也是美國。發生在一九五〇年代的「麥卡錫主義」白色恐怖的陰影，就曾經讓許多與政府意見相左的美國影視工作者相繼遭受迫害。全世界對電影有認識的人都清楚，好萊塢電影是美國政府有意識地影響全球文化的工具，它利用電影的輸出，不但賺取大量的金錢，還洗腦了被輸入國的生活價值觀。

一九五〇年代中期，逐漸被廣為注意的法國電影筆記派導演們，他們集結起來為法國新電影發出怒吼的號角，並且展現豐沛的創作力，相繼以電影作品證明自己的論點，後來這股風潮被稱為「法國新浪潮運動」。

從當時法國電影界新舊兩派的文字論戰與新浪潮電影創作者，在質與量所發揮的影響力，都夠格稱為是一場運動。這場運動之所以造成廣泛而且長遠的影響力，其中的內涵除了電影作品與影評筆戰之外，還包括了導演個人的行動本身，都變成了他們自己作品的一部分。

新浪潮的風雲人物，尚盧・高達，他拍電影，他反電影，他用文字詮釋電影與電影工業裡面每一樣政治的本質，他也以之展現政治立場。當他在一九六八年法國坎城影展的放映廳現場，呼應觀眾參與正在風起雲湧的街頭佔領運動，他扯下電影廳的放映布幕，中斷電影的放映，並且宣示影展已經結束，在那一刻高達已經用行動表示，電影與政治實踐，無法分割，而且他也不想切割。

一九五〇年代後期，英國的創作者由文學開端，之後劇場與電影相繼呼應，刮起一場「憤怒年輕人與自由電影」的運動旋風。這場運動的形成是相對於之前英國的戲劇與電影，在創作內容、布景、影像的表現上，都充滿保守品味並且脫離多數英國人民的現實生活，於是幾個青壯派的電影導演，有意識的把攝影機的鏡頭轉向工人階級與社會中下階層的日常生活，劇情著重強調家庭生活的瑣碎現實，電影的風格就如家庭中最容易藏污納垢卻又是生活必需的廚房水槽一般，真實生活帶著殘酷的考驗。後來的評論文章裡，經常會被提到的「廚房水槽劇」說的就是底層生活的精神。

這一派的導演之中有東尼．理查森，作品有《憤怒的回顧》與《長跑者的孤寂》，以及卡雷爾．賴茲，作品有《星期六晚上和星期天早晨》，還有以《如果……》廣受英國與國際好評的林賽．安德森。這些導演跟著影片裡生活在工業區的青年們一起吶喊心中對於保守社會的不滿與憤怒，「憤怒青年」的電影潮流也因此而來。

之後在英國的電影工作者當中，把這股憤怒與自由的精神延續下來的，首推肯．洛區。他在一九六六年的一部紀錄片《凱茜回家》拍攝一個懷孕少女的故事，影片結合了一段驚人的無家可歸者的統計數字。這部電影顯現了當時英國底層社會的真實面貌，在電視台播出之後，產生的社會影響力直接震盪了政府當局，英國官方改變了一項關於無家可歸者的法律，並且馬上增加了一些無家可歸者的收容所。

肯．洛區的作品一直守在這個追求獨立製作自由發聲的崗位上，拍攝勞動階級的生活與感情。其中有一段時期碰上柴契爾夫人的鐵腕政策，肯．洛區的作品在號稱已經民主化的英國，仍然有幾次遭受禁止在電視台播映的處境，也經常面臨拍攝資金沒有著落的窘況。即便如此，他的創作依然堅定如一，關注社會底層生活與勞工權益的立場一直沒有改變，他的態度對於英國與國際上許多影視創作者都有極大的影響。

二〇〇六年，比利時的導演達頓兄弟，帶著新作品《孩子》來到台灣，這部作品獲得二〇〇五年坎城影展金棕櫚大獎，電影描述的是比利時街頭的無業青少年，成天無所事事的靠搶劫維生，為了生存甚至賣自己的小孩來賺錢，最後因為愛情與溫暖的人性，負起責任找回被賣掉的孩子。這部電影在歐洲放映之後，引起極大的迴響，比利時政府因此挪出預算，增設更多的收養與照護的機構。

達頓兄弟的另一部作品《美麗羅賽塔》在一九九九年獲得坎城影展金棕櫚大獎，電影裡面所描述的議題是關於比利時郊區青少年工作平等權被剝奪的社會現狀。得獎之後，引起國際媒體廣泛的討論與注目，同時獲得比利時當局的重視，針對電影所描述的社會議題，比利時政府因此修法規定青少年基本工作權與工資的保障法案，並且把這個法案取名叫「羅賽塔計畫」。之後，關於電影《美麗羅賽塔》以及關於達頓兄弟的許多討論，經常圍繞在這個因為拍電影而改變一個政府政策的「羅賽塔計畫」。

「拍電視劇、拍電影是為了什麼？」一直是個經常會被提到的問題。對許多懷抱著社會體制改革夢想的影視工作者來說，電影、電視是一種行動，是一個自我理想實踐的場域，也是最能接近大眾階層的藝術形式跟改造社會的一股強大力氣。二〇一五年我在公共電視播映的作品《燦爛時光》就是因為這樣的信念而完成的。故事描述一九四五及一九七七兩個年代的台灣青年，分別在二二八當時與後二二八的兩個世代，面對專制政權壓迫所作出的抵抗。

「戰鬥者留其痕跡，後繼終將有人。」國際上許多進步的影視工作者所堅持的價值就是《燦爛時光》所要追尋的。信念依然，行動依然，不論是過去或者現代的先鋒者都是值得跟隨的足跡。

啊！好痛！——談《天馬茶房》

【導演／林正盛】一九九八年春夏之交，我籌備一部以二二八事件爆發地點命名的電影《天馬茶房》。天馬茶房是台灣早期的幾家咖啡廳之一，當年就是在這裡查緝林江邁販賣私菸，而爆發了二二八事件。

當我面對著劇本裡二二八事件的描述，不斷想起遙遠遙遠以前那個童年的早晨，那個看到軍警以鐵線穿過政治犯的雙手，串起來押著走下山壁小徑的早晨。

至今還深刻記得，孩時的我在剎那間心底驚呼「啊！好痛！」的疼痛感覺。

那個遙遠童年的早晨，我一如平日般腰間綁了一個用花布巾包裹著書本、作業簿的包袱（舊時代窮人孩子的書包），打著赤腳踏上繞行過家屋後面的砂石公路去上學。赤腳走砂石路，經常踩到凸利的石粒，為了避免腳底踩痛，我大多走在公路邊沾滿清晨露水的草叢，而走濕了一雙褲管腳。

砂石公路順著馬武窟溪河谷上一路彎繞，在晨光中蜿蜒出一條長長灰灰白白的路徑。出家門走約七、八百公尺，就彎進二山之間繞走峽谷，繞走一會便到了一座橫跨馬武窟溪、連結峽谷二邊的登仙橋。

到登仙橋之前，有條小小路徑，往下通往山崖邊一條水圳，順著水圳邊走，不遠處有一棵野芭樂樹，長出的野芭樂又香又甜，我上下學經常找看有無成熟芭樂可摘。從這裡，可以看見對面登仙橋頭邊的山壁。

這天，我照例去野芭樂樹找找看看，突然看到對面山壁小徑幾個軍警押著犯人走。走在前頭的軍警，手中拉著一條像是繩線的東西（遠遠看不真切），另一端連接在後頭犯人那合併的雙手上——如祭拜般合併，不是被綁著。

遠遠看去，伸著合併雙手的犯人向前跟隨軍警，順著崖壁山徑下到登仙橋橋頭。短短幾分鐘，幾次看到那犯人的身形停頓僵硬，雙手扭曲著，似乎是強忍疼痛。不發出痛聲驚呼的強忍模樣，卻隔著一條馬武窟溪，更強烈的傳來那犯人手掌被穿透的痛感。孩時的我，看得心頭一揪一驚：「啊！好痛！」

疼痛入心，就此跟著我了，在人生某些與政治相連結的時刻，心底會隱約作痛一陣。如拍攝《天馬茶房》，當我面對二二八事件時，又想起那樣的痛楚。

其實對政治，我總難以相信，無法找到「對！這樣就對了！」的相信。年輕剛退伍時，雖曾走上街頭、搖旗吶喊，當個小嘍囉的參與抗爭，但心底還是充滿著矛盾質疑：國民黨的威權體制確定是錯的，但號稱追求民主自由的黨外政團及政治領袖們，他們可靠嗎？一旦掌權後，會不會也迷失在權力慾望之中……

當時我看了許多黨外雜誌，一次又一次的在那些批判國民黨黨國威權體制的文章裡，激起追求民主自由的生命熱情。然而這樣的生命熱情，還是無法讓我找到「對！這樣就對了！」的純然相信：相信一個政團、一個政治人物，可以不受權力誘惑的實踐其初衷理想。

一直到身兼《自由時代》創辦人及總編輯的鄭南榕，以自焚的決絕姿態捍衛百分之百的言論自由。當時我震驚不已，再次感受到童年那種剎那的心痛。我不禁隱約的相信，有人真的會為了理想而不惜犧牲生命。

當然，這份隱約的相信，在我長期養成對政治的質疑中，是難以長久的。說起來這都源自於童年時從阿公那邊得來的政治認知，和學校教育相衝突之下的結果。

小時候，我喜歡跟著阿公去店仔頭（舊時代雜貨店），坐在一旁矮板凳上，聽阿公和其他大人聊天。有時聽著聽著，還會打瞌睡。阿公總愛調侃的跟其他人說：「阮這個孫，就愛聽話鬚（話的鬍鬚）啦！」在我那次看到犯人過後的幾日裡，店仔頭大人茶餘飯後總繞著這件事。我因此得知那犯人被稱作政治犯。他們夥同好幾個人一起越獄，軍方封鎖了泰源通往海邊以及縱谷區的所有山區道路，在山裡將他們一個個逮捕抓回。而之所以被鐵線穿過手掌，是為了以示懲罰教訓。

也是透過大人們的聊天，才知道泰源監獄長期關著許多政治犯。我對政治犯最早的印象，來自於久久一次被遊覽車載進來的那些人。四、五十年前的台東偏遠鄉下，大眾交通只有前面突出個長頭的公路局巴士，彎繞行駛在山區的砂石公路，車屁股一路捲滾著漫漫風沙煙塵。那時難得有遊覽車進來，一是暑假工廠派來載剛畢業的學生，整車整車載去工廠當作業員。二是載政治犯來關，用遊覽車載，或許是為了保密，不讓民眾知道。但奇怪的是，村民們就是會知道，且成了店仔頭茶餘飯後，帶著神祕色彩的禁忌話題。

禁忌、神祕，對孩時的我充滿吸引力。我約了幾個玩伴壯膽，一起去看那些「政治犯」。我們小孩想像中的犯人，是生毛帶角、萬惡罪魁的凶狠模樣。等遊覽車進到村子後，在廟旁空地稍稍停了會，我們如願看到了大人口中的「政治犯」。結果失望透頂，完全沒有想像中那種凶惡之徒的樣子，而且一個個看起來還斯文溫和，像學校裡的老師，像村子裡有讀過書的人。

為什麼他們都不像？這樣的疑惑進入我的心底，同時伴隨著我成長的，還有阿公那台小收音機傳出的聲音。

以前我們家是東河往泰源公路邊的山裡唯一一戶人家。如此離群索居，讓阿公可以放心，且放懷的聽著那台小收音機播放他愛聽的廣播：「……親愛的台灣同胞，現在是福建人民廣播電台，為台灣人民廣播的時間……親愛的台灣同胞，你們生活在蔣幫反動集團的統治之下，生活在美國帝國主義的控制之下，遭受資本主義社會的剝削……」

廣播是閩南語播音，睡在阿公旁邊的我，常常聽著入睡。睡醒，天亮上學，走進學校的斜坡牆上，晨光映照著斗大紅字標語，一邊是「反共抗俄　殺朱拔毛」，一邊是「反攻大陸還我河山」。

童年的我，就這樣夜裡聽著收音機裡的「打倒蔣幫反動集團」及熱血激昂〈東方紅〉。而天一亮，上學放學則永遠在反共抗俄。一個共匪，一個蔣幫反動集團，一個在白天的學校，一個在夜裡的收音機，彼此對峙在我心裡，形成一種似懂非懂、說不出口的混亂：學校老師教的怎麼會錯？可是會講《三國演義》、《封神榜》故事給我聽的阿公，也不是壞人啊！

令我混亂的不只這些，還有阿公和阿爸偶爾說出的二二八事件和白色恐怖。印象最深的，是跟阿爸長期不和的阿公，好幾次對我阿爸說：「好佳在搬來後山（花東）住了，若還住在山前（西部），二二八你一定參加，一定被抓去關……」阿公所說的這些，在課本裡完全不存在，學校完全沒教。我就這樣早早存在著混亂矛盾的政治認同，直到長大退伍之後，這些歷史真相才漸漸浮現出來。

原來，當年學校不教就當做不存在的事情，是如此真實地發生過。

二、三十年後，三十九歲的我才以一個導演的身分，拿二二八事件當題材，拍攝完成了《天馬茶房》這部電影。然而，對二二八事件的認識，其實是編寫故事、劇本和籌備電影的過程中，一點一滴累積起來的。在當時自知有限的瞭解下，我在電影裡建構出一個面對新舊政權轉移，而人心不安動盪的過渡時代。在這樣的氛圍，在地台灣人與新來乍到的外省人之間，互不瞭解，也互不信任。尤其是來台接收的國府官員與軍隊，依恃著武力徵收台灣稻米、蔗糖等物資，運去中國支援他們打內戰，造成台灣物價上漲、台幣貶值，而人心越來越不安焦慮。積累民怨久矣，乃一觸即發。

然而，更大的不幸，是這些顢頇無能的新統治者，殘暴的以槍桿子在春光之中進行一場殘殺人民的暴虐惡行。暴虐殘殺人民的過程裡，有許多人都在驚痛中揪緊心頭，不禁在心底大喊：「啊！好痛！」

如今，台灣言論自由長足進步，成為一個幾乎如當年鄭南榕以自焚決絕之姿，所追求的百分之百言論自由的國家。也就是這樣的言論自由，讓台灣社會勇於發掘歷史，也讓二二八事件的真相漸漸清晰了起來。

真相清晰了，才能安慰受害的心靈，才有真正和解的可能。我想這是出生於二二八事件那年的鄭南榕先生和陳永興醫生、李勝雄律師，一起發起二二八和平日活動所殷切期盼的初衷。

至今，我心底仍猶存無法全然相信政黨及政治人物的質疑，但早已深信鄭南榕那份堅定的追求，深信在台灣走向民主自由的過程中，他以身相殉的扮演了一個重要而關鍵的角色。

二二八事件相關的舞台劇

【台北藝術大學戲劇學系助理教授／于善祿】

前言

二二八事件（一九四七）使得陳儀頒布了台灣首度的戒嚴令，隨之而來的軍警鎮暴與全台綏靖，使得台灣人民幾乎是談政治而色變懼縮；緊跟著的第二次戒嚴時期（一九四九—一九八七）與白色恐怖時期（一九四九—一九九一），對思想、言論、出版與結社等創作和表達自由的控管及限制，則更是極為嚴苛。因此，以二二八事件為題或相關的舞台劇，要到解嚴（一九八七）幾年之後，才陸續有零星的作品及演出，可見政治對文化藝術創作之傷害與影響，有多麼地嚴重。

在有限的時間之內，所蒐集到關於二二八事件的舞台劇，肯定還不夠全面與完整；目前所見，大致可以分為兩大類。

一種是以相關的歷史人物（如張七郎、謝雪紅、陳澄波、高一生等）為題材，重現其生前的重要事蹟與內心刻畫。另一種則是以二二八事件作為戲劇故事的時代背景，使虛構的人物穿梭於其間。更有一些戲，就像擦邊球一樣，提到個一、兩句，或一、兩段，盡量就我所知，存其劇目，但不細述，如鬼娃株式會社劇團的《罐頭躲不了一隻貓》、莎妹劇團的《離開與重返》等。

一九九二

河左岸劇團《海洋告別》

成立於一九八五年的台灣小劇場先驅劇團——河左岸劇團，在一九八八年至一九九四年期間，推出了「迷走地圖」系列。在解嚴初期，對於台灣近代歷史與人物的閱讀、學習、省思及反芻，成為該團彼時的當務之急，「企圖穿透時間迷霧、尋索島國的身世」。

其中的三部曲聯作《海洋告別》（一九九二—一九九三），敘說的就是花蓮知名的二二八事件受難者、前花蓮縣參議會議長、客家名醫張七郎的家族史，包括《穿過歷史曠野與內室的……家族記憶 1947.4.5》、《海洋告別 1——永恆波光中追憶浮懸如島的黑色家屋：鳳林家族 1947-1982（迷走地圖第二部）》、《海洋告別 2：鳳林家族 1921-1947（迷走地圖第三部）》。

一九九四

臨界點劇象錄《一個隱藏於歷史背後的女人》、《阿女——白色瑪格麗特》

根據該團的核心團員蕭華文所述，臨界點劇象錄創作這些戲是：「希望透過謝雪紅這樣一個台灣女性的角色，在整個社會事件過程裡的形象，來闡明女性身體及意識的書寫過程在歷史中的特別意義，以及藉著重組集體的記憶來反映出當時整個社會的意識，並以當時人民生活的切面和情緒的角度，來切入事件風暴的核心。」（《一個隱藏於歷史背後的女人》本事．〈歷史邊緣的記憶〉）

戲主要萃取了謝雪紅的精神形象，以詩化的語言與風格強烈的肢體，表現謝雪紅一生強硬的反抗意識，在解嚴初期，能夠有這樣的作品，呼應那一整個社會解放的氣氛，主題鮮明與視覺震撼，即使歷經多年，仍然令人印象深刻。

二〇〇六．二．二十四

綠光劇團《人間條件2：她和她生命中的男人們》

曾經擔任台灣首部描寫二二八事件電影《悲情城市》（一九八九）編劇的吳念真（與朱天文合編），在二二八事件五十九週年前夕，與綠光劇團合作，編導舞台劇《人間條件2：她和她生命中的男人們》，首演於二〇〇六年二月二十四日。

戲共分十七場，將二二八事件受難冤魂遊蕩在淡水河畔，與劇中主角老Yuki的亡魂再度相遇，以此作為序場〈魂魄〉；可以看得出來，老Yuki對於人世間還有些許留戀與牽掛，反倒是冤魂們的提醒，現在已經離開人世間，可以好好安魂休息了。

在第二場〈巨變〉當中，呈現國民政府軍人搜捕台灣可疑分子的場面，劇中的長工武雄雖遭軍人調侃與懷疑上街鬧事，但武雄急中生智，以台語唸出《三字經》，軍人以為會讀中國書大概不是什麼叛變分子，殊不知武雄所唸的內容，其實是在咒罵軍人，同時哀嘆台灣人長年受苦難的命運，藉此表現二二八事件時的氣氛肅殺，能否從槍口下僥倖逃生，不只看軍人心情，也全靠運氣。緊跟著在〈收屍〉這一場，則是老闆娘帶著女兒Yuki和武雄等人，到淡水河邊，將被綁在一起的四具受難的年輕人屍體拉起來，為其鬆綁、換衣、淨身、下葬，願祈安魂，並希望保佑平安順利，子孫出息。

這是該劇團招牌系列「人間條件」的第二齣戲，將台灣近數十年的社會發展與人心變遷，化為隱喻，變身為劇中主角Yuki一輩子的命運際遇，她出身大戶人家，但婚姻卻無法自主，由父親一手安排，嫁給了毫無感情基礎的半山仔後生林春生，婚後丈夫忙於政治，拈花惹草；由於她的三個子女沒一個有擔當，自己對於老宅與情感的寄託，只能交付給武雄與孫子，這裡頭承載著濃厚的道義、堅持與責任，讓人不禁聯想到台灣多舛的歷史命運。

二〇〇九・五

金枝演社《浮浪貢開花 Part3：勿忘影中人》

無獨有偶地，「浮浪貢開花」也可以說是金枝演社最為人所知與膾炙人口的代表系列，主要表現台灣人的直率性格與社會生活裡的幸福感，即使是觸及歷史或時事，也多半帶著嘲諷與些許的批判態度來處理。

《勿忘影中人》為該系列的第三齣，主要人物仍有前後連結，和前兩齣比較不同的是，該戲採取了倒敘法，交代該系列主角阿才的父執輩在日本時代的真摯情誼。時空跨越了一九三五年至一九六九年，透過一九六九年為阿才父親鯊魚作忌，回顧鯊魚、Toro、Taco、Yuki、愛將等人互相意愛、反日帝、助義賊廖添丁、二二八事件等經歷；而 Toro 最後的慷慨就義，徒留愛將心中永難抹滅的思念與痛楚，更促使 Taco 對愛將的感情，總是難以更進一步，這個部分倒是在第一齣及第二齣裡，有更多的著墨。

劇中關於二二八事件的場景與橋段，主要是第十四場至第十七場，情節包括陳儀說明查緝私菸的後續處理（以場外音表現）、台灣民眾追打外省人、Toro 和愛將希望台灣不要再相互內鬥、民眾慌亂躲逃等，Taco 雖然在長官公署做事，但對此亂局似乎也使不上力，最後則是在黑名單上的 Toro 交代了一些後事，大夥還想強力挽留，但 Toro 和鯊魚認為俯仰不愧天地，Toro 終究慷慨就義，所呈現與呼應的，應該就是歷史上陳儀政府的清鄉行動，捕殺台籍菁英分子。

二〇一〇・五・二十一

曇戲弄劇團《謝雪紅》

這是汪其楣在謝雪紅逝世四十週年，經閱讀、消化數十本相關書籍資料之後，所編創的第一人稱單人表演劇本，在蔡瑞月舞蹈研究社演出，即由汪其楣來詮釋、扮演謝雪紅；印象中，連《謝雪紅評傳》的台灣文學學者作家陳芳明，也出席觀賞，當晚觀眾真是往來無白丁。

戲共分三場，時代背景分別為一九四七年五月二十一日，二二八事件之後，二七部隊不敵國民政府軍，謝雪紅接獲共黨中央的指令，乘巡邏艦艇光明號離開台灣；第二場主要為一九五〇年代，謝雪紅在中國參與許多黨政組織工作，出席許多重要會議，與中共建國第一代的許多人物都有交流，但也有更多人不理解她熱愛台灣、解放台灣的心思，藉此她回憶了許多年少往事與革命夥伴；第三場已經來到一九七〇年的北京隆福醫院病房，謝雪紅過世前的一個月左右，病榻前的她仍然躊躇滿志，甚至為自己辯護，她的理念從未動搖改變，批判國民黨與紅小兵，起草〈最後的交代〉。

由於第一人稱口吻之故，除了眾所周知的謝雪紅生平事蹟與時代局勢之外，更能透過汪其楣細膩的文學想像之筆，進入謝雪紅的內心世界與情感思維，她對革命事業的熱情與堅持，她對身分認同的疑惑與辨明，在在都讓人感動，和閱讀一般關於二二八事件的書籍或相關人士的回憶錄，感覺很不一樣，謝雪紅的性格形象鮮明，不斷地在和周圍的時局與人事物抗辯與協商，成就一代奇女子。

二〇一一・十

嘉義市政府《我是油彩的化身：陳澄波音樂劇》

原舞者《迴夢》

《我是油彩的化身：陳澄波音樂劇》是民國一百年時，嘉義市政府以台灣寫實主義美術大師陳澄波為主題，所製作的音樂劇，由果陀劇場演出、梁志民導演、王友輝編劇、知名製作人陳國華譜曲、長榮交響樂團演奏，並由洪榮宏扮演陳澄波，高慧君則扮演陳澄波的夫人張捷，在台北及嘉義兩地均有演出。

戲的內容主要是依著時間軸的順序，描寫陳澄波一生的重要事蹟，包括童年雖然較為貧困卻已經顯露對於繪畫的喜愛、受教於名師石川欽一郎、赴日本東京美術學校攻讀繪畫、畫作入選日本帝國美術展覽會、與張捷結縭並生兒育女、赴上海任教後遇二二八事件而陸續與家人返台避難等，當然還有最後受嘉義市「二二八事件處理委員會」推派，與另外幾位市議員擔任和平使者（演出時，還在天幕打上許多當時報紙標題的投影，以顯示氣氛的緊張與肅殺），前往水上機場與國民政府軍調停協商，卻被逮捕拘禁。劇中的陳澄波表現從容，卻也對整個局勢表示無力挽回，並以紙、筆寫下兩封遺書，一封給女婿添生，希望他能好好照顧家裡，並處理他的後事，另一封則是寫給藝術界的同人，鼓勵大家要更團結一氣，同為台灣藝術界奮鬥前進。

相對於其他幾齣以二二八事件相關歷史人物為題的舞台劇，這齣戲的創作難度想必挑戰更多，以事件受難歷史人物為題，且陳澄波仍有許多的遺族家屬在世，戲的內容編排、表現形式、詮釋觀點等，勢必要更謹慎處理。曾聽編劇王友輝描述，陳家人對他的劇本是認可且感謝的；劇本內容並沒有一味歌頌，或強調受難式的悲憤，反而是將陳澄波還原為一個追求繪畫高度與藝術價值的畫家、老師、丈夫與慈父，曲詞亦很講究，文學性高。

幾乎在同一時間，二〇一一年十月份，原舞者在華山1914創意文化園區東2三連棟，推出以阿里山鄒族先覺者高一生為題的舞劇《迴夢》。高一生的兒子高英傑、孫女高蕾雅均有份參演其中。該舞劇關於二二八事件的情節較少，著重在高一生寫給家人的二二八受難家書，以及其所創作的音樂為主；其實，原舞者在二〇〇七年也曾推出《杜鵑山的回憶》，主要是陳述高一生生平的樂舞。這兩個作品的編劇均為瓦旦·督喜。

同樣以高一生為題的，還有二〇一五年六月由阿美族導演陳彥斌帶領金山高中應屆畢業生，在台北藝術大學展演藝術中心舞蹈廳所演出的舞劇《鄒先生》，結合高一生的故事，和高中生現實生活遇到的真實狀況，藉以展現人性。

二〇一二·七·二十

台灣戲劇表演家《天若光》

很可惜，我並沒有在現場觀賞過這部作品，手邊也沒有相關的劇本與節目單等資料。只記得在民視胡婉玲主持的《台灣演義》中，有一次專題介紹二二八事件，裡頭有一段劇團模擬演出當時內戰的畫面，只有幾秒鐘而已，在片子最後的感謝名單中，提到了台灣戲劇表演家，上網做了一些資料交叉查詢之後，確認該畫面應為《天若光》的演出片段。藉此存其劇目。

二〇一二·十一·三十

創作社《逆旅》

和其他的戲比較起來，《逆旅》沒那麼直接與二二八事件相關，應該算是與「謝雪紅書寫」相關的戲劇，或者如劇團文宣所說：「一個關於謝雪紅的單人旅行。」我還是把它納入、介紹一下。這是編劇詹俊傑所寫較長篇幅的舞台劇作，發揮了他擅長的角色反身自省、自我追問的寫作技巧，具有高度的後設意味。該劇於二〇一二年由創作社製作演出，導演為徐堰鈴，演員則有謝瓊煖、呂曼茵、張詩盈、雷煦光、李明哲。

戲的內容主要是透過一本《謝雪紅傳》的書寫與眉批，串連起三代台灣女性面對國事、家事、感情、婚姻、家庭、親子、教育、理想、認同等生命態度，謝雪紅為革命理想而奔走，海安為協助崇煇撰寫《謝雪紅傳》而離開家庭，「ViVi／梁靜」為探尋母親海安與自己的身世之謎而追索家族祕史，甚至連張士允也以紀實攝影的方式，企圖表現每一位人像背後的生命故事，他和「ViVi／梁靜」兩人以訪談及口述歷史的方式，從海安、海寧，擴及至文具店老闆娘，再加上一些遺留下來的書信，慢慢地拼湊出上一代理想滿懷的男女的恩怨情仇，這其實也反映了有心的年輕世代，想要探索家族史與國族史的認同渴望。

小結

在這一份不算完整的劇目清單及簡要說明當中，幾乎很難歸納出共通的特色，充其量只能說是「一戲一格」，每齣戲都有它的創作背景、目標及理念，每位創作者也各自展現其戲劇形式、手法與風格。站在二二八發生七十週年的時間點，回望這樁影響台灣近代史甚為深遠的歷史事件，以及解嚴後以二二八事件為題的零星舞台劇創作史，令人深深感受到，當代的台灣劇場創作環境，似乎還承擔不起歷史的沉重與嚴肅。

相對而言，在小說和影視領域，倒是有較多較好的處理與面對，如《悲情城市》、《天馬茶房》、吳濁流的《無花果》、李喬的《埋冤．一九四七．埋冤》、陳燁的《泥河》及《烈愛真華》、林燿德的《一九四七高砂百合》、東方白的《浪淘沙》、鍾肇政的《怒濤》、李昂的《迷園》及《彩妝血祭》、吳豐秋的《後山日先照》（及由其改編而成的同名電視連續劇）等，族繁不及備載。

誠如許多二二八事件的親歷者、受難家屬、研究者所言，想要探求該事件的真相全貌，具有相當的難度與挑戰，有心想要以此為題的戲劇創作者，不但要花費更大的心力，也要承受再現及詮釋當代歷史的壓力與艱難，還要能夠維持一定的戲劇創作藝術水準；如果說，藝術是具有撫慰與療癒功能的話，那麼除了每年固定舉辦的二二八紀念音樂會之外，或許也可以期待更多相關的舞台劇創作。

特別感謝

鄭志忠、游蕙芬、汪其楣、梁志民、詹俊傑、張玉芬等劇場界師友，熱情提供劇本及相關資料。

用音樂記述歷史的蕭泰然

【資深樂評人／任育德】一九四九年四月十八號的晚上七點三十分，在台北市中山堂裡正舉行著一場音樂會，而在一九四五年之前，這裡叫作台北公會堂。

這是「台灣省音樂文化研究會」的第二屆音樂發表會，當天的演出節目從孟德爾頌的e小調小提琴協奏曲開始，結束在貝多芬的c小調鋼琴協奏曲，中間穿插著器樂與聲樂樂曲。

一九四六年成立的「台灣省音樂文化研究會」是台灣省文化協進會所屬團體，以呂泉生、陳泗治、高錦花、高慈美、張彩湘、張錦鴻、蔡江霖、蕭而化等人為委員。這些都是在不同的環境中經歷過戰爭而劫後餘生者，彼此在曾經的國族對立後，仍舊齊聚一堂。透過音樂，他們相互了解並合作推廣古典音樂，為台灣帶來了新的可能。其中，蕭而化是江西萍鄉人，在日本上野東京音樂學校作曲科留學，來台遊歷時受到省立師院校長李季谷力邀而留下。在台灣，蕭而化首先任職為省立師院音樂專修科主任，其後在一九四八年創設了省立師院的音樂系——在後來的日子裡，省立師院音樂系成為了台灣師範大學音樂系——而高慈美、張彩湘等人，當時都在省立師院音樂系任教。

這大抵就是台灣省音樂文化研究會成立與背後的關係，在成立後，在一九四八年十二月十四號，研究會在中山堂開了第一次的音樂演奏大會，當時的開場是塔替尼的《g小調小提琴奏鳴曲》（魔鬼的顫音），結尾是董尼才悌著名的女高音曲目《拉美莫的露琪亞‧痛苦的淚水》（Spargi d'amaro pianto）[1]。

透過兩次的音樂會選曲，我們可以了解到早年音樂界前輩推廣古典音樂的熱情，也可以理解當時古典音樂的受眾可能熟悉且偏好的曲目，以及當時對音樂會形式的理解。

時間來到了第二次的音樂演奏大會，呂泉生在下半場音樂會中擔綱次男高音獨唱，並由張彩湘擔任鋼琴伴奏。他演唱了雷翁卡伐洛寫實歌劇《丑角‧序調》（Pagliacci Prologue），同時也首演了後來膾炙人口的閩南語飲酒歌《杯底不可飼金魚》。

《杯底不可飼金魚》由呂泉生作曲，真正作詞者是來自福建漳州的劇作家陳大禹。但由於陳大禹聽到傳言，在「四六事件」爆發後，他已被列入台灣軍警單位的追緝名單，因此，為了此首作品得以在接下來持續演出，在後來很長的時間裡，呂泉生不得不同時掛上作曲者與作詞者的雙重角色，而陳大禹則離開台灣。這首膾炙人口的閩南語飲酒歌，就長期被認為是呂泉生獨力所作，這個情況一直持續到近年這張節目單的重新現世，陳大禹作為真正創作者的身分始能重現天日。

在《杯底不可飼金魚》中，「情投意合上歡喜」、「朋友弟兄無議論」、「好漢剖腹來相見」等字句，反映各路英雄好漢在飲酒的時候是不存隔閡的。這些歌詞放在一九四七年台灣全島爆發二二八事件的歷史脈絡下，而正在台灣廣播電台工作的呂泉生除了保護外省同事，也獲知了來台軍隊在台灣全島造成的殺戮。這些劫後餘生「恍如隔世」[2]的複雜感受，或許讓他在安排自己的演出時，得以將戲劇情感和人生經驗投射合一，為大時代作一見證。而在後來的日子中，呂泉生為台灣歌曲音樂擴增曲目、獎勵創作、培養合唱團體所投注的心力，有目共睹。

而高錦花與堂妹高慈美聯手共演了貝多芬唯一以小調創作的協奏曲《第三號 c 小調鋼琴協奏曲》，則是另一個故事的開端了。高錦花和高慈美都是基督長老教會第一位台籍信徒——高長後人。高錦花早年受教於台南新樓長老教會女學校（後來成為長榮女中）在這裡接受音樂啟蒙，並於一九二六年負笈東瀛，進入日本武藏野音樂學院鋼琴科攻讀，順利於一九二九年三月畢業。畢業後高錦花曾一度考慮留在東京，當時仍常應台灣本島各團體邀請進行各項的慈善音樂會演出，也擔任過霧峰林家女眷鋼琴教師[3]。因此，當她返台定居後，除了參與教會、音樂界的活動外，便能更加專心地從事音樂人材的培養。

高錦花的夫婿陳明清，早年從台南長老會中學畢業後赴日讀書，日本中央大學法學部畢業後通過高等司法科及格，居留日本一段時間後返台定居。戰後曾任新竹地方法院推事兼院長，後在台南擔任律師。一九五一至一九六三年間，陳明清出任母校長榮中學的董事長，而在此期間，學校的畢業生就包括了後來有著「最後的浪漫主義鋼琴詩人」之稱的蕭泰然。當時的蕭泰然為了準備入學考試，也曾短暫師事過高錦花。於是，透過宗教、鄉里、音樂，這三個元素便將他們連在一起，交織出了台灣早年音樂界的部分風貌。

蕭泰然出生在高雄鳳山的長老會信友家庭，由母親蕭林雪雲啟蒙學琴，他從準備習醫到考取音樂系的人生歷程當然自有轉折。在一九五九年考上省立師範大學音樂系後，蕭泰然主修鋼琴演奏，跟隨李富美、高慈美學習。在與班導師許常惠進行田野採集時，他受到許常惠的鼓勵而開始嘗試音樂創作。在此階段，蕭泰然的習作偏向於相對淺顯的兒童合唱曲與宗教音樂，但他已經開始逐漸將學習重心從演奏拓展到創作。

儘管許常惠鼓勵且期盼蕭泰然能走上如同德布西「追尋新的聲音」的道路，但蕭泰然日後顯然走往了另一個方向，此為後話。

一九六五到一九六七年間，蕭泰然到日本武藏野音樂大學的鍵盤專攻科進修。在此期間，蕭泰然受到學校和聲學教授藤本秀夫的欣賞而願意私下教授作曲技巧，直到學成返台。返台後蕭泰然繼續與奧地利出身、歸化美國的蕭滋教授（Robert Scholtz）學習作曲及鋼琴，為自己吸取更多不同種類的養分。

一九六三年，在接到美國國務院通知後，蕭滋來到台灣擔任交換教授，日後便長居台灣。蕭泰然曾將自己的作品題獻給蕭滋，以感謝蕭滋對他在音樂方面的引領與成長，況味不言可喻。一九七三年，蕭泰然成為母校──當時已改制成國立台灣師範大學──音樂系的專任講師，並在一九七五年，蕭泰然於台北市中山堂舉行專場作品音樂會，音樂生涯即將開創新高峰。但在一九七七年，由於妻子經商失敗，蕭泰然不得不遠赴美國，並在美國長居十八年，這段時期對蕭泰然來說，一開始是苦難的過去，但後來卻昇華成創作成熟的多產期。

最初，蕭泰然為了維持生活，只好開間藝品店糊口，苦悶而不熟悉的生活讓他的人生落入低谷，但在這樣的低潮中，思念家鄉的濃烈情感卻更加揮之不去，進一步使得他與美國台僑社團間的互動更加緊密，因而轉化出更豐沛的創作泉源。於是，在美國的自由與獨立思想風氣下，懷抱著對遠方故鄉的思念，蕭泰然開始整理起台灣歌謠，並將它們重新改編成各種室內樂形式演奏曲，例如《望春風》、《黃昏的故鄉》。此外，他也使用故鄉的素材創作一系列的台語歌謠和懷鄉歌曲，如《出外人》、《嘸通嫌台灣》、《遊子回鄉》等。

蕭泰然在一九八〇年時，因創作《出頭天進行曲》而被台灣政府列入黑名單禁止返國，禁令直到一九九五年才得以解除。這樣的經歷讓他在《出外人》中得以寫出去國遊子的共通心聲：「咱攏是出外人，對遠遠的台灣來，雖然我會講美國話，言語會通心未通。」透過歌詞，我們可以發現蕭泰然的創作回歸到一種音樂主體的人性情感：心要通。此當是蕭泰然創作歌謠時謹記一生的部分。

一九八七年，蕭泰然在加州州立大學洛杉磯分校取得音樂作曲碩士學位，這個時期對他是重要的，老師的鼓勵使他更堅定以「台灣民謠的精神為主體，融入西方古典、浪漫、印象及現代音域的技巧，來培育現代的台灣新音樂」[4]的方向前進。這種精神其實與台灣的前輩們相近——透過蒐集、改編台灣民謠以汲取更多的創作養分與文化精神——也因此，蕭泰然的作品並不刻意追求尖銳音響、新奇和聲，反而更著重於曲調的優美動聽及流暢度。他採用的和聲系統既有使用西洋調式、中國五聲、七聲音階，也試著將教會聖歌、台灣民謠融入樂曲內，形成個人獨特的創作風格。

透過個人風格與創作方向的確立，蕭泰然建立了台語教會音樂的本土風格，確立台語藝術歌曲的地位，創造典雅的台灣式古典沙龍。他同時打破當時的音樂政治禁忌，用音樂寫下了台灣史的史詩，並為台灣知識分子開拓了現代音樂類型，創立了通俗流行音樂外的另一個選擇。[5]

一九八八年至一九九〇年間，蕭泰然在大型樂曲創作上完成了《D大調小提琴協奏曲》（作品50）、《C大調大提琴協奏曲》（作品52）、《c小調鋼琴協奏曲》（作品53）。蕭泰然在自認是「成熟女性」的大提琴協奏曲中，採用恆春民謠《思想枝》、《台灣哭調》、《阿美族舞曲》的節奏與元素展開主題變形，透過這些元素，蕭泰然讓樂團展現出更高的活力以搭配大提琴的抒情歌唱旋律。這樣的處理手法，除了在音樂中保持既有的古典語言，同時也注入了不同於傳統的新元素，增添了音樂的新鮮感，卻不傷害音樂的可聽性。這些優點讓蕭泰然的音樂增添了獲得西方音樂界接受的可能性，也獲得了台灣普羅大眾的接受與喜愛。

一九九三年，蕭泰然在完成前述大型作品後，投入用於紀念一九四七年二二八事件的大型管弦樂曲《一九四七序曲》（1947 Overture）創作，這也是蕭泰然第一次嘗試用音樂記述歷史。他在創作期間遭遇大病，一度生命垂危，最終在一九九四年完成此曲。這種為創作拚盡一切生命，回首產生「劫後重生」之感的個人創作經歷，的確也讓他和前人又有了一層無形的聯繫。

在《一九四七序曲》中，蕭泰然特別引用出自於嘉義的民謠《一隻鳥仔啾啾詩》作為素材，整首作品前段為管絃樂，後段包括《台灣翠青》與《愛與希望》兩首大型合唱作品。在全曲布局上，蕭泰然除了使用《愛與希望》表達個人的情懷，並希望透過百人合唱的《台灣翠青》作為高潮，成為全曲輝煌的終結。《愛與希望》以詩人李敏勇創作詩為主題，歌詞中意象與蕭泰然的個人宗教情懷相通：「種一欉樹仔　在咱的心內　不是為著死　是為著希望　二二八　這一天　你我鬥陣相安慰　不通尚悲傷」、「從每一片葉子　愛與希望在成長　樹仔會釘根在咱的土地　樹仔會伸上咱的天　黑暗的時陣看著天星　在樹頂閃爍」。

《台灣翠青》則有著創作者個人對國家未來發展的期許：「太平洋西南海邊，美麗島台灣翠青。早前受外邦統治，建國今在出頭天。共和國憲法的基礎，四族群平等相協助。人類文化世界和平，國民向前貢獻才能。」於是，在這些溫柔敦厚中，《一九四七序曲》流露出個人對美感的信念、堅持，也成為台灣音樂的珍貴資產。

二〇〇一年，蕭泰然為陳文成逝世二十年寫作合唱曲《啊！福爾摩沙：為殉難者的鎮魂曲》。他以詩人李敏勇創作譜曲，在《走找光明路》中，以進行曲的速度投注創作者們對於寶島故鄉的希望與期許：「莫閣自怨自艾　哭調仔行不出光明的路　若欲作水牛互人埋互人割唱哀歌咱甘願島嶼台灣是一隻大海翁　舉頭看藍天（舉頭看藍天）　找尋光明路（找尋光明路）（舉頭看藍天舉頭看藍天）（找尋光明路找尋光明路）」。這首合唱曲除了再次向殉難者致敬外，或許行過半生的蕭泰然更想以一種溫柔向上的姿態表達出從前人開始，然後是他，最終傳遞給下一代的理想與使命。

於是，從一張泛黃的音樂會節目單開始，我們既看見從省立師範學院音樂專修科到國立師範大學音樂系的演進，也看到了台灣音樂的薪火相傳。

1. 節目單載為 Spar ge da ma Dopianto，推測是 Spargi d'amaro pianto 的日文譯音。
2. 韓石泉，《六十回憶》（台南：韓石泉先生逝世三週年追思紀念會，一九六六），頁八十七。
3. 林獻堂，《灌園先生日記》，一九三一年七月九日，中央研究院台灣史研究所「台灣日記資料庫」。
4. 陳怡慧、張元真採訪，張元真整理，〈屬於台灣的深沉浪漫——蕭泰然〉，《樂苑》二十六期（台北：台灣師範大學音樂系，一九九九）。
5. 顏綠芬，〈蕭泰然在台灣音樂史上的貢獻〉，「國家文化藝術基金會」官網之「歷屆得主：第八屆國家文藝獎得主（二〇〇四年）」

刻畫二二八事件的版畫家——黃榮燦

【民主運動街頭攝影師／邱萬興】黃榮燦，一九二〇年生於四川重慶，一九四五年，日本投降撤離台灣後，中國許多木刻版畫家紛紛來台，有朱鳴岡、陳庭詩、麥春光、黃榮燦等人。在上海《大鋼報》任職的黃榮燦年底來到台灣，出任《人民報導》副刊主編，在台灣各大報刊介紹中國新興木刻版畫文章，黃榮燦對魯迅非常崇拜，創作許多魯迅的版畫，稱讚魯迅是中國第一位思想家，黃榮燦也在香港與台北舉辦版畫展覽。

黃榮燦在《人民報導》的副刊發表了一篇文章：「我以為我們致力於藝術工作的人，什麼都可以放棄，但不能放棄創作的生活。我們的心與腦應該承認遠生的偉大是創作，我們青年的朋友也不要失去不可放棄自己願望著的事業，這是偉大生命之源。」熱愛木刻藝術的黃榮燦，曾三度前往台灣離島的蘭嶼、綠島、琉球寫生作畫，在他的筆觸與木刻版畫裡，紀錄原住民多元的風土民情。

而黃榮燦在台灣七年期間，最敬重的本土思想家，就是楊逵。黃榮燦曾為楊逵翻譯的幾本著作，用自己的木刻版畫來設計封面，也曾去楊逵台中的家中作客，為楊逵創作一張版畫作品。

把二二八事件刻畫在版畫上的人

二十七歲的黃榮燦，在二二八事件發生的二個月後，創作了一幅《恐怖的檢查——台灣二二八事件》木刻版畫作品。一九四七年四月二十八日，他在上海《文匯報》用筆名「力軍」發表這幅極具代表性的木刻版畫作品。這件原作，一九七五年被日本神奈川縣立近代美術館推出「中國版畫展」時，才成為大家注意的焦點，這是控訴國民黨軍隊在二二八事件中，血腥屠殺最有力的版畫作品，也成為日後台灣紀念二二八悲劇的重要圖騰。

黃榮燦這幅《恐怖的檢查——台灣二二八事件》小版畫（14×18.3CM），直接以一九四七年二二八事件、在台北市延平北路天馬茶坊查緝私菸的現場作為題材。畫中具體描繪寡婦林江邁販賣香菸遭到查緝鎮壓，來不及躲避，賣香菸的攤架被推倒，老婦人慌忙撿拾散落一地的私菸，專賣局的查緝員不顧旁人請求，以槍托撞擊老婦人的頭部。有的人被擊倒者，有高舉雙手做投降狀者，拿著手槍的緝私員作威作福的猙獰狀，襯托無辜民眾的驚恐。畫面的後景中軍用卡車上有四位持槍軍警來到現場，二二八的肅殺之氣躍然紙上。黃榮燦用刻痕紀錄了這段血淚的歷史，卻也為他埋下殺身之禍。

黃榮燦創作了許多木刻版畫作品，他是當時台灣最活躍的版畫家，卻被國民黨當局認定為左翼的文人，成了當局的眼中釘，二二八事件爆發後，更是讓台灣人噤聲，不敢反抗。具有左翼色彩、自中國來台的木刻版畫家們，紛紛走避，離開台灣。

一九五一年十二月一日，黃榮燦終於不被當局見容，他在台灣師範學院教職員宿舍被捕入獄。他被國民黨以莫須有的罪名，羅織入罪與他毫無關連的「吳乃光叛亂案」，誣陷他參加的木刻協會是「中共的外圍組織」，他「從事反動宣傳」，遭國防部軍法局判決死刑。一九五二年十一月十四日，在台北市馬場町慘遭槍決，含冤慘死，年僅三十二歲。

楊英風是黃榮燦在師範學院第一屆的學生

一九四八年八月，木刻版畫家朱鳴岡決定帶著妻小回去中國發展，黃榮燦接下朱鳴岡教職，他在台灣師範學院藝術系（今台灣師範大學美術系）擔任講師，前後任教四年中，教授素描、素描、版畫。雕塑大師楊英風，是他在台灣師範學院藝術系第一屆的學生，楊英風從黃榮燦老師身上學習到許多的木刻版畫技巧，楊英風曾創作一件《蘭嶼頭髮舞》木刻，跟他的老師黃榮燦的黑髮舞，風格極為接近。楊英風在農復會《豐年》雜誌擔任美術編輯十一年期間，以農村為背景，創作許多精彩的鄉土版畫作品。

我與楊英風的長子楊奉琛熟識，曾經問他的父親在師範學院與黃榮燦老師學習版畫的過程，他說：在高壓恐怖統治的年代，黃榮燦老師被莫須有罪名慘遭槍決，這些無所不在的陰影，造成楊英風生前幾乎都不再提起他的黃榮燦老師的事情，他們應該都害怕受到牽連。

葉世強與黃榮燦老師的師生情

我的復興美工老師葉世強，是水墨專長與製作古琴的藝術家，他是黃榮燦在師範學院藝術系第二屆的學生。二〇〇七年，我為葉世強老師策畫三個重要的大型水墨與油畫個展：師大美術系畫廊、國家文化總會、台北國父紀念館中山畫廊。為其編輯《我的藝術世界》畫冊時，才對葉世強與黃榮燦的師生關係，有更深入的瞭解。

一九四九年的端午節前夕，葉世強與二位廣州藝專的同學，一起放棄學業，葉世強本來想與這二位同學去中國西北的絲路流浪，因國共內戰，遍地烽火連天，轉而搭船輪船來台灣開拓視野，不料卻被封鎖於台灣，從此與家鄉斷了音訊。

葉世強老師在他自己的畫冊簡歷裡說明：「一九五〇年代，在台灣謀生不易，當時要考入台灣師範學院藝術系就讀，相當困難。幸得黃榮燦老師鼎力幫忙，而獲得錄取就讀，黃榮燦隔年，即因白色恐怖掃蕩，以匪諜罪名逮捕槍斃。葉世強哀痛恩師早逝，而台灣則喪失一位藝術天才。」

葉世強在台灣師範學院美術系沒有拿到畢業證書，由於與同系學妹戀情，因女方反對而受挫，黃榮燦老師慘遭槍決，讓他一度心灰意冷。為了躲避警總與警察人員的盤查，就一個人隱居在新店灣潭，必須靠著擺渡進出住所，從此過著遠世獨居的生活。一九六三年起，葉世強才開始在永和的復興商工美工科教學，這時候他才開始有了穩定的收入來源。

蔣介石敗撤來台，在台灣實施黨國體制，宣布「戒嚴令」。一九五〇年代的白色恐怖時期，以《動員戡亂時期臨時條款》為理由，公布檢肅匪諜條例，發現匪諜任何人均應告密檢舉，在「消滅匪諜，人人有責」的行動中，執政當局以莫須有的罪名，指控黃榮燦涉入「吳乃光叛亂案」，許多政治受難者未經正當審判程序或是證據，即被蔣介石批示處決。

在獨裁統治的年代，整個台灣社會噤若寒蟬。一個外省孤魂就這樣淒涼躺在台北六張犁亂葬崗中，直到一九九三年才被偶然發現。在六張犁「戒嚴時期政治受難者紀念公園」第一墓區，在旁邊的角落中藏著傾倒的黃榮燦墓碑，上面寫著歿於一九五二年十一月十四日。

二〇〇七年的二二八事件六十週年紀念時，我跟葉世強說在六張犁亂葬崗發現黃榮燦老師的墓碑，葉老師非常驚訝。我問他可以接受電視台的訪談黃榮燦老師嗎？希望他從學生的角度來談與黃榮燦老師的藝術創作。當時他正要舉辦大型個展，仍欣然答應參與黃榮燦與二二八的紀錄片。

當時也洽談好電視公司，要派一組專提供作小組來拍攝黃榮燦與二二八相關事件專輯，從廣州、重慶、上海、台北六張犁，紀錄葉世強眼中的版畫家黃榮燦老師。可惜，後來被葉世強的新婚妻子拒絕，說我們不談政治，只談藝術。三年前，八十六歲的葉世強老師因病過世，口述黃榮燦與二二八的紀錄片，也無疾而終。

鄭南榕發起二二八平反運動

從一九四七年二二八事件發生到二二八公義和平運動的開啟，這是台灣人權史上最黑暗的一頁，被塵封長達四十年。

一九八七年二月十三日，台灣還在戒嚴社會裡，鄭南榕、陳永興醫師、李勝雄律師等人，串連數十個海內外台灣人團體，召開記者會，發起「二二八和平日運動」。打破二二八事件長達四十年的禁忌，在全台各地舉辦說明會。呼籲政府對當年二二八事件的國家暴力，公布歷史真相，平反冤屈，進行道歉、賠償，安慰受難者與家屬，制定二二八為國定假日、興建二二八紀念館或紀念碑，以化解社會族群對立，建立公義和諧的社會。

一九八七年，鄭南榕在推動二二八平反運動時，我印象最深刻有兩件事。

戒嚴時期，二二八話題仍是社會禁忌，台灣的媒體幾乎都控制在國民黨的黨、政、軍之手，國內的媒體與報紙都不敢刊登「二二八事件四十週年紀念行動」的消息與廣告，當時我在民進黨中央黨部開始《民進報》的美術編輯工作，鄭南榕找我去《自由時代》，希望我能幫忙製作二二八平反運動的報紙稿，對我來說，是一件很震撼的事情。這是教科書上從來沒被提起的事，當時製作的第一份報紙稿，就是刊登在一九八七年二月十四日的《民進報》試刊號的第四版廣告，第三版全面報導二二八和平日促進會成立消息，要求「公布真相、平反冤屈」，祈求和平早日降臨台灣島，為了突破報禁，這份試刊號出版，竟然遭到警總與新聞局全面查禁。

一九八七年二月二十八日，為了紀念二二八事件四十週年，民進黨特別選在當時發生二二八事件附近的台北市延平北路永樂國小大操場，舉辦「二二八和平日演講會」現場人山人海的人潮來聽演講。當時，民進黨中央黨部的林樹枝，特別請糊紙店作一個大型牌位，請糊紙店師傅寫上「二二八冤死英魂之靈位」。在戒嚴時期，真的快嚇死那一家糊紙店師傅。這個牌位拿回當時的黨外公政會，林樹枝問我，「你不是學美術設計的？會寫毛筆字吧！」我拿起毛筆就直接寫上「二二八冤死英魂之靈位」。這個二二八冤死英魂牌位，當天晚上，就由台北市議員謝長廷和顏錦福抬著，上萬民眾舉著鮮花，跟隨著民進黨創黨主席江鵬堅率領的遊行隊伍到淡水河十三號水門，祭拜二二八冤死英魂。

從一九四七年到二〇一七年，剛好七十週年。這三十年來，一波又一波的二二八紀念活動開展，在台灣各地建立紀念碑，一波又一波的口述歷史出土，直到一九九一年行政院官方報告出爐，乃至國史館《二二八事件研究彙編》的徵集與史料公開。一九九五年二月二十八日，中華民國總統李登輝代表政府首次為二二八事件向受難者家屬及全體國人道歉。

回顧這這一段歷史，鄭南榕與會長陳永興醫師、副會長李勝雄律師勇於突破二二八禁忌，在戒嚴令下突破重重軍警鎮暴部隊，推動走出二二八的陰影，喚起了台灣人民的良知，讓我們了解二二八對台灣的影響。但是，還有許多真相尚未出土、創傷需要療癒，二二八的平反與轉型正義還未完成，我們仍需要持續努力。

參考書目：
陳其茂《版畫研究報告展覽專輯彙編》一九九四年，台灣省立美術館
林樹枝《白色恐怖X檔案》一九九七年，前衛出版社
魏廷朝《台灣人權報告書一九四九—一九九六》一九九四年，文英堂出版社

陳永興《走出二二八的陰影》一九九一年，二二八和平日促進會
李筱峰《二二八消失的台灣菁英》一九九〇年，自立報系
橫地剛著／路平舟譯《南天之虹——把二二八事件刻畫在版畫上的人》二〇〇二年，人間出版社
梅丁衍〈黃榮燦疑雲——台灣美術運動的禁區〉一九九六年，台北市立美術館館刊・現代美術雙月刊（第六十七、六十八、六十九期）
洪維健《黃榮燦紀念特展專刊》二〇一二年，台北市政府文化局
葉世強《我的藝術世界》二〇〇七年，自印
楊英風《太切回顧展》二〇〇〇年，國立交通大學

紀念二二八——台灣人的重生與自我定義

【精神科醫師／林毅夫】眾所熟悉的「斯德哥爾摩搶案」裡，被挾持的人質，在恐懼中他們的自我被強加改造，其現象即是有名的「斯德哥爾摩症候群」。台灣的社會評論家常引用此症候群來描述台灣人的扭曲行為與觀念，這是大有道理的。因為國民黨政府（之後簡稱國府）接收台灣不久，台灣人就在二二八事件中遭其殘殺，其後國府實施恐怖統治多年，除封鎖有關二二八的資訊、禁止談論外，同時也為事件塑造了一串連結的意義：

國府將二二八定義為族群鬥爭，把談論二二八事件抹黑為挑撥族群，也等於仇恨與意圖報仇的不道德心態；另一連結性的罪名則是談論二二八等於台獨、企圖顛覆政府或為匪宣傳的叛逆行為。

長期在恐怖氣氛下，台灣人就不可避免的或多或少將這些信條納入自我的價值系統，從而產生了對稱的感受與行為，可說是慢性的「斯德哥爾摩症候群」。

面對創傷的經驗是每個受害者心理重建時必經的過程。同道理，台灣人也必得面對二二八事件，來檢視被扭曲的自我，尋回原本的或創造新的自我。

一九八七年由鄭南榕等三人帶領、發起「二二八和平日促進會」的運動。雖遭受到國府情治單位的阻擋、恐嚇，但他們終於在一九八九年於嘉義建立了第一座紀念碑，而帶動了各地立碑、公開檢驗創傷的自癒活動。

類似一般人在治療過程中的心理矛盾與掙扎，台灣人立碑、寫碑文的療傷活動也得在統治者的威脅、根深蒂固的恐懼感、被灌輸的信念、取悅統治者的習慣之間掙扎與徘徊。因此，紀念碑文就是這些掙扎、折衷的紀錄，也就是復健過程的橫切面。而不同年代的碑文演化，也顯示出復健的進展狀況，換句話說，各地的紀念碑碑文即台灣人自我復健的集體病歷。本文選擇幾個較有代表性的碑文加以比較與討論。

請求「宣洩冤屈」的碑文

初期設置的紀念碑大都冠著「和平」兩字，在當時的政治氣氛下，建碑者們多是以無力受害者的姿態，向統治者請求准許建碑。故用「和平」兩字表示對統治者無害。

1. 台北市的「二二八和平紀念碑」建於一九九五年，但到一九九七年才有碑文，它的難產無疑是上述內、外動力互相掙扎的結果。

果然，碑文以「朝野噤若寒蟬」一句，將朝、野同列為恐懼的受害者。但，哪有害怕自己禁令的「朝」呢？這無外是將加害者隱藏於受害者之間，加以掩護。受害者的「和平」用意非常露骨。

碑文陳述二二八事件的社會背景時，將罪責完全推給陳儀個人，嚴厲的說他：「……施政偏頗，歧視台民，官紀敗壞。」其實陳儀只是當時黨政軍爭刮台產的一個角色而已。碑文再稱他人格有問題：「顢頇剛愎，一面協商，一面……向南京請兵。」可笑的是，碑文竟也不自覺替陳儀減罪：「台北群眾……請求懲凶，不意竟遭槍擊，死傷數人。」好像沒人下令，沒人扣板機，機槍就自動射擊了。

當然，作為國府的象徵——蔣介石非無辜不可，因此碑文說：「國民政府主席蔣中正聞報即派兵。」但不提其動機，難道蔣氏出兵來台旅遊？至於那幾個被指名「株連無辜」的將軍們，碑文也避提後來個個升官的事實。這是為了避免觸怒統治者的「和平」姿態？或者是不忍將蔣介石拉下神壇？

無論如何，完成上述的安全鋪陳後，碑文終於寫下：「冤屈鬱積，終須宣洩。」並說立碑是告慰受難者與家屬。雖只有八個字，但總算是出了一口氣。

2. 比上則早兩年的「高雄市二二八和平紀念碑」，其模式與台北的如出一轍，將惡行都推給陳儀，說他「不解民情……而釀成……巨禍」，宛如是「失誤」而起的「巨禍」。碑文對屠殺的描寫更奇妙：「全台……傷亡頗多」、「（高雄）代表……向司令部（司令彭孟緝）請願，唯變生不測三位……遇難於……」、「高雄市政府……火車站均有死傷……」。這種沒有劊子手的傷亡，可能是大隕石掉下的「巨禍」吧？

此碑文模糊了加害者的面貌之後，也說出台灣人民族創傷，亟待療癒的心聲。

直視加害者、尋找自我價值的碑文

受虐關係下的受害者，有了安全感，就會將眼光轉離加害者，而投注於尋找自己的生存意義。公元兩千年後台灣更民主化，此時出現的碑文就有這類的演化：

3. 一九九五年基隆市建的「和平紀念碑」，到二〇〇三年才有碑文。當時的市長雖屬國民黨，但碑文就直指國府是派兵來「鎮壓」，描寫了屠殺情景之後，將之定位為「統治者濫殺基隆市民的殘忍事證」，而終於認清加害者的身分與殘忍。

4.「南投縣二二八事件紀念碑」出現於二〇〇四年。它敘述：「……民變因起……本縣各地紛起響應。」更帶敬意的說：「……由台中青年學生組織之二七部隊與國軍……在埔里烏牛欄……會戰，學生軍奮勇迎戰……彈盡援絕……事稱『烏牛欄之役』。」它定論說：「二二八事件，是台灣人民追求民主自由歷程之共同記憶。」終於，南投人在事件中找出台灣人的價值與追求的熱情。

5.高雄人極其不滿一九九三年的碑文，於是在二〇〇六年再另建紀念碑，其碑文就不再等待「療癒」了。它開門見山的將事件定調為「台灣民眾對抗國民政府腐敗統治而慘遭屠殺的悲劇」，並說「高雄市民並未在此抗爭事件中缺席」。在此，高雄人毫不萎縮的認定抵抗腐敗統治是當時台灣人的共同價值，更表達了參與的自豪。

碑文直接指控彭孟緝屠殺了應約去談判的市民代表，後更說：「兵分三路，往攻市政府……火車站、高雄中學……造成不少傷亡。」也不忘提及蔣介石以台灣警備司令的官位獎賞他。

坎坷的「自我」修復路

雖然「直視加害者」的碑文有所奮起，可惜卻與「宣洩冤屈」的碑文同樣，以呼籲族群和諧、和平的文字結尾：

「無分你我……互助以愛……化仇恨於無形，肇和平於永恆」（台北）
「為各族群之和協祝禱……以愛化解猜忌……」（高雄一九九三）
「彼此攜手……族群和諧貢獻……」（高雄二〇〇六）
「象徵……寄望之和平，與互相依存的族群融合」（南投）
「以寬量平和的心情……共同創造……未來攜手前進」（基隆）

這些目標崇高的呼籲，並沒交代要去愛的這些族群到底是不是加害者？所以，看來不過是附和統治者「二二八撕裂族群」的教條，以「族群」兩字模糊了加害者的真面目，再以「相愛」的語言向統治者表示沒有敵意。

在同因素的影響下，碑文更出現了不合理的觀念與期待：

「祈……子民，體諒當年環境特殊」（南投）

「期望……子民體認當年特殊時局，以寬量……共同創造……」（基隆）

「願加害者……真誠懺悔……彼此攜手為……與族群和諧貢獻……」（高雄二〇〇六）

到底什麼「特殊時局」會令受害者得一筆勾銷加害者的罪行？那個要寬量以待的對象是不是加害者？如不是，硬要寬恕「非加害者」豈不是失態？要是所謂的「加害者」不懺悔，又要如何與之共促和平？所以，這些堂皇的呼籲，毫無實質功能可言，它不過是呼籲者無力感的顯現。

儘管如此，碑文還是突破了頑強的心理障礙，刻出台灣人「追求民主自由」、「抵抗腐敗統治者」的共同價值。有趣的是，不管有無碑文，追求這些價值的社會運動從沒停過。

形成台灣主體意識的不同管道

鄭清華的〈二二八與鄭南榕〉一文提供了鄭南榕心理歷程的輪廓。他上小學的首日就被罵「阿山仔」。但他交融於台灣子弟圈後，也跟著丟石頭、打破人家的玻璃，罵人「阿山仔」。

此時他無疑自我認同是其小社圈裡的台灣人。不過，這之後仍受到挑戰。當他與女友論婚嫁，女方家長就認他為「阿山仔」而反對。我們不知他內心如何掙扎與調整，但我們知道，這「半阿山仔，半番薯仔」的自我，終於進化為「第一代台灣人」，他感受到了二二八的意義，就是台灣人的苦難與追求自由的慾望，進而投入「五一九反戒嚴綠色行動」、「二二八和平日運動」、「新國家運動」等，最後為這台灣主體意識下的價值而犧牲。

至於今日天然獨的年輕人，他們是「後二二八」的本省人與外省人的第二、第三或第四代，二二八世代的台灣主體意識是經由痛苦而突顯出來的。相對的，年輕人的主體意識則是在民主思想下成型的，他們參與環保、世代正義、關懷弱勢、人權等各種社會運動，殊不知這些價值觀就隱含著現代的國家觀念——「我們」地域裡的事，是關乎「我們」的福祉，因此「我們」要參與解決；結合地域、人民、行政，為台灣主體意識。不難理解，為何有年輕人會到紀念碑前致敬，與先輩一起產生台灣主體意識的連結。

第三章

名在單之外

全國二二八遺址、紀念碑及公園

鄭南榕基金會整理

直轄市／縣市	建立年份	名稱・座標	說明
台北市	一九九五	二二八和平紀念碑 二二八和平紀念公園 （25.0418254,121.51498749999996）	紀念碑一九九五年立於新公園，歷經兩年有碑無文的歲月，六百四十二字碑文於一九九七年二月二十八日揭幕。一九九六年市府將新公園更名為二二八和平紀念公園。
	一九九七	台北二二八紀念館 （25.042073, 121.515008）	一九九七年二月二十八日，二二八事件發生五十週年時正式開館，前身為台北放送局。
	一九九八	二二八事件引爆地紀念碑 （25.054061,121.51237800000001）	立於台北市南京西路一百八十五巷巷口。
	二〇〇七	二二八國家紀念館 （25.031857, 121.513822）	二〇〇七年二月二十八日於台北市南海路五十四號正式掛牌，二〇一一年二月二十八日正式開館營運。
新北市	二〇〇二	二二八和平公園 （25.0708954,121.4859543）	新北市三重區忠孝路二段近自強路，內有二二八紀念碑。
	二〇〇七	埔頂二二八蒙難紀念碑 （25.1766431,121.43747310000003）	立於淡江中學校園內，紀念二二八事件中受難的校長及師生。

基隆市	一九九四	八堵站罹難員工紀念碑（25.108334,121.72905400000002）	為了紀念十七名因二二八事件犧牲生命的八堵站鐵路員工而興建。
	一九九五	基隆市二二八和平紀念碑（25.1341667,121.7511111）	立於中正公園海門天險前廣場，當時有碑無文，直到二〇〇三年才補上碑文。受難者家屬爭取在當時死傷慘重的田寮河附近——現今東岸停車場上方的和平廣場設立紀念碑未果。
宜蘭縣	二〇〇四	宜蘭縣二二八紀念物——歷史之「澄」「鏡」（24.738440, 121.756924）	位於宜蘭運動公園東南側，是一個地下化的建築。
桃園市	一九九九	二二八紀念公園（25.0211514,121.25587470000005）	位於桃園市蘆竹區大竹里大新三街，設有紀念碑。
新竹市	二〇〇一	二二八和平紀念公園（24.8134678,120.95422669999994）	市府於二〇〇一年在護城河親水公園設立二二八紀念碑（位於新竹民眾遇難地的旭橋畔），親水公園又名二二八和平紀念公園。
台中市	一九九五	二二八紀念公園（24.125466,120.688446）	原名東峰公園，位於台中市東區興大園道的七中路，內有二二八紀念碑，建於一九九五年，當時有碑無文，直到二〇〇三年才補上碑文。
	二〇〇一	二二八紀念碑（24.0995042,120.68283569999994）	立於台中市大里區國光公園，原台中縣首座二二八紀念碑。
	二〇〇一	靜宜大學二二八和平紀念碑（24.225042,120.57699500000001）	立於文學院前，是第一個設置在校園的紀念碑。

南投縣	二〇〇四	南投縣二二八事件烏牛欄戰役紀念碑（23.9932872,120.96468660000005）	立於南投縣埔里鎮愛蘭橋頭，此地為「二七部隊」在一九四七年三月十六日發動「烏牛欄戰役」（二二八事件最後一役）古戰場。
雲林縣	一九七七	虎尾鎮埒內里三姓公廟（23.718595, 120.446429）	一九七五年，虎尾地方仕紳在公墓內搭設小祠祭拜西醫顧尚泰、中醫李持芳及文化人王濟寧等三名受難者，一九七七年擴大規模，命名為「三姓公廟」，成為全台唯一二二八受難者紀念廟。
	二〇〇七	雲林縣二二八紀念公園（23.6562094,120.54248570000004）	為全國第一座在挖獲受難者遺骸地點設置二二八紀念碑的公園。
嘉義市	一九八九	嘉義市二二八紀念碑（23.4630477,120.47131030000003）	全國第一座二二八紀念碑，由民間興建完成，位於嘉義市彌陀路彌陀禪寺旁。紀念碑設計者詹三原，更因此被國民黨政府逮捕入獄，成為白色恐怖的最後受難者。
	一九九六	嘉義市二二八紀念公園（23.478927, 120.463017）	設有紀念碑、紀念館，是台灣第一座二二八紀念館。
	二〇〇四	陳澄波・二二八文化館（23.481702, 120.448398）	規劃複製畫展間一間、二二八事件嘉義大事記及二二八事件受難者生平事蹟一間。
	二〇一一	二二八國家紀念公園（23.466645, 120.413522）	建於嘉義市劉厝里，鄰近水上機場，是台灣第一座國家級的二二八事件紀念園區。
嘉義縣	一九九六	阿里山鄉達邦部落二二八紀念碑（23.4354677,120.78096759999994）	全國海拔最高的二二八紀念碑，碑型以嘉義市一九八九年塑立的二二八紀念碑為藍圖。

台南市	一九九四	台南市二二八紀念公園（22.99156,120.18266889999995）	位於台南市安平區，內有一座二二八紀念碑。
	一九九六	台南縣二二八紀念碑（23.3119567,120.30895409999994）	立於現台南市新營區綜合體育場。
	一九九八	湯德章紀念公園（22.993078, 120.204404）	始建於日治時期，名為「大正公園」；二次戰後改名「民生綠園」；於一九九八年更名為「湯德章紀念公園」，紀念於二二八事件中在此遭槍決罹難的湯德章律師。
高雄市	一九九三	高雄市二二八和平紀念碑（22.6358329,120.27880770000002）	立於高雄市壽山公園，此為舊碑。
	二〇〇六	高雄市二二八和平紀念碑（22.625622,120.28746999999998）	新碑立於二二八和平紀念公園（原仁愛公園），也是二二八事件中受難者被槍決的行刑地點之一。
	一九九三	岡山二二八和平紀念公園（22.79782,120.30307100000005）	為全台第一座為紀念二二八事件而建造的公園，內有一座高兩層樓的和平鴿紀念碑。
屏東縣	一九九二	屏東縣二二八紀念碑（22.6744526,120.49081460000002）	為第一座由政府興建的二二八紀念碑，立於屏東市中山公園。
	一九九四	林邊二二八紀念碑（22.4375767,120.52321210000002）	立於屏東縣林邊鄉河濱公園內，紀念二二八事件中受難的林邊鄉青年。
	二〇〇二—二〇〇六	阮朝日二二八紀念館（22.461437, 120.530767）	台灣第一座私人二二八事件紀念館，由受難者阮朝日之女阮美姝創辦。開館四年後走入歷史，館長阮美姝將館藏珍貴史料分送給台灣神學院及真理大學。

花蓮縣	一九九七	花蓮縣二二八關懷紀念碑（23.9793496,121.61811639999996）	原立於北濱公園，二〇一三年遷至花蓮市曙光橋旁的二二八和平廣場。
台東縣	二〇一四	台東市二二八紀念公園（22.789517, 121.128976）	設於台東火車站前都市計畫「兒八公園」預定地。

名單外的名單

陳銘城（文史工作者）

先說一個故事。

二〇一六年三月二日，因幫新北市政府文化局辦二二八事件展，除了淡水的展場開幕和志工導覽培訓課外，在另一展場新店文史館也辦了第二場的志工培訓。現場有位受難者林有土的兒子林俊男先生，也來了一位李亮東先生，他是跟二二八事件有關的人，但是二二八基金會並不認定是二二八受難家屬，因此，不認為他們是在受難名單之中。

三月十九日在新店文史館的二二八講座，邀請吳三連基金會執行長戴寶村演講，李亮東也帶他的母親周美費女士到場。我看過她的陳情資料，也在會後聽她講她娘家在二二八前與二二八時的遭遇。

原來，周美費的父親在瑠公圳管理水道，住在新店的大宿舍裡，一九四六年來了兩位軍官帶著好幾個士兵，負責接收景美、新店的日產工廠，但是並沒有房屋可接收，於是看上了周家的大宿舍。二個有家眷的軍官各佔一房間，其餘士兵也分別佔用其他房間。周家夫婦和多位兒女只能擠在一房間，周美費和弟弟晚上輪流站崗，生怕阿兵哥闖入傷害他們，尤其，伙食兵每天色眼看著周家十五歲大女兒周美×。

周家被軍人強行佔據，還在地方上橫行作惡，欺壓百姓，新店居民不瞭解周家人的苦處，還以為是他家引進惡霸，背後常對他們指指點點。有時周家人遇拜拜，需使用廚房，還被阿兵哥大罵，舉槍恫嚇。

不幸的是，周家十五歲的長女仍被徐姓伙食兵強暴了，他們還拿槍逼迫周家父母將長女嫁給他。周美費說她的大姐，一輩子沒談過戀愛，很快就當了小媽媽。

二二八事件發生後，地方上的老大，帶著一些青年去找陳姓軍官報復，周家人將陳姓軍官的妻小藏在廟桌下，避免她們受害。地方上的林有土也去周家找陳姓軍官，想勸他化解民怨，不料，卻被陳姓軍官和士兵開槍打死，子彈從周美費母親袖口穿過。找到妻小平安後，陳姓軍官才停止亂開槍，李亮東說：「陳姓軍官，後來曾被判刑坐牢，出獄後搬到台中開米行。」

周美費的父母、大姐都已過世，她替母親陳情，但二二八基金會的董事會不認定周家的受難情事，她和兒子李亮東也不寄望政府的認定與賠償，反而多次現身說法在新店文史館，述說周家在二二八前後，遭到軍人的佔屋、強娶女兒為妻的不幸故事給志工們聽。

我想新店周家的遭遇，應該就是二二八事件裡「名單外的名單」受難家庭。作家林雙不的二二八小說《黃素小編年》，則是另一種名單外的受難故事。

一位鄉下女孩黃素，即將出嫁。母親帶她從鄉下進城買嫁妝，結果買了最便宜又實際的菜刀，媽媽說能做好菜，丈夫、公婆和孩子，都會一家和樂。

突然間，市場傳出一陣的追逐聲，是兵仔追捕可能參加二二八的年輕人，一陣來回混亂的追趕，母女都遭到碰撞，等到人群散掉後，媽媽發現女兒黃素的驚嚇表情，手上的菜刀也滿是鮮血，過不久，就眼睜睜地看女兒黃素被帶走。

等到再看女兒黃素時，她已經變成另一個人。兩眼呆滯，不時露出驚怕的表情，而且精神錯亂，但仍然安靜不語。當然，黃素的婚事是告吹了。

我們的社會上，充滿了二二八的直接與間接受害者，他們可能無法提出證明自己的受難事蹟，也通不過二二八基金會的認定，加上時間已久遠，就有更多的二二八受難「名單外的名單」，因此二二八受難賠償的人數，遠比行政院官方研究報告推估的人數，少了許多。

更不用說，像鄭南榕這樣在一九四七年出生的外省第二代，從小敏銳地感受到二二八事件的禁忌與沉重。因此，他在還在戒嚴的一九八七年二月，與陳永興醫師、李勝雄律師，成立「二二八和平日促進會」，企圖打破二二八的禁忌，在全台各地遊行，辦演講會，讓更多受難者與家屬，從幽暗的角落裡走出來，讓更多的人關心瞭解二二八事件的始末，也才有後來的二二八建碑，政府道歉、賠償，官方檔案的陸續解密等。

記得那些沒能留下名字的人

藍士博（二二八共生音樂節發起人／史明口述史企劃協力）

黑色的島嶼，吹狂了的風，
來不及孵化的夢……

＊

二〇一六年十二月七日，距離原先答應交稿的日子，已經拖了半個多月，我仍然猶豫再三，思考究竟要用什麼樣的方式，才能「理論與經驗俱足」、「但又不要說教」地完成這篇文章，終究沒有把握，終究是字字踟躕。

（原來我也到了這樣的時候了啊！）（終於）

然而到底有什麼可以說的呢？其實我也一直懷疑著——會不會到最後，還是另一篇酸臭的倚老賣老，或者沒有意義的呢喃——我也不確定，卻也總算是這樣子艱辛的起了個頭。

＊

我必須坦承：如果真的有什麼可以與大家分享的話，多半只是意外、機遇與偶然的插曲。就像我與 Nylon 的相遇。其實已經不記得了，究竟是台大濁水溪社先在二活舉辦 Nylon 紀錄片放映及映後座談，還是先與當時在紀念館擔任工讀生的C君，在某一個下著雨的夜晚一起踏進自由巷、紀念館？

那天晚上我認真地注視火場，以及隱藏在紀念館角落的、一整排的密集書櫃，只是我與C君沒有喝酒卻不太清醒、有一搭沒一搭地聊著，那些關於一九四七外省福州宜蘭二二八建國中學成功大學輔仁大學台灣大學哲學鄭忉 Night-Long 理想主義者葉菊蘭黨外雜誌自由時代爭取百分百自由行動思想家五一九綠色行動二二八和平日促進會新國家運動火火火火的那些，縱使那天心裡面有許多糾結，卻很難說對 Nylon 有更多的了解，只知道他是因為二二八事件而困擾一生的人，是可以為了追求喊出台灣獨立的自由而放棄一切的人。

（是不是，知道這樣也就夠了？）

不過我對二〇〇七年的那場放映暨座談會還印象鮮明，出乎意料踴躍的人們，擁擠的空間與不太亮的燈光，與談人 Michael 戲稱自己與 Nylon 是「同期之櫻」（那是我第一次聽到這個美麗又有些酸澀的詞語），當時還沒有那麼熟的吳叡人，則是用他抒情溫暖且批判性充滿的風格，和我們談論 Nylon 的獻身、殉道、談人的解放、台灣民族主義的倫理重建……因為王聖芬的幫忙，網路上仍然找得到這場座談會的逐字稿，加上吳叡人後來自行增補、改寫（可參考：想想論壇〈殉道者鄭南榕與台灣民族主義倫理的重建〉），這篇思想上的「自由之翼」（按：已故雕塑家林明德為鄭南榕塑造的紀念銅雕）可以說是我們認識 Nylon，理解他所處的那個年代，感受他的困惑與追求，討論所謂小國小民、好國好民的第一號索引。

（所謂的記憶，或許就是這麼一回事。）

*

書寫與銀鹽是語言的凝結，也是常人記憶的所繫之處。然而最近我常常有這樣的錯覺——關於島嶼身世至今或許已說了太多，但也可能什麼都還沒有——在相隔不遠的上個世紀，有太長的時間我們被迫聾啞噤聲，島嶼變成牢籠，致使歷史變成一張被塗抹的白紙。

（一群不知道自己是誰的人們，如何可能思索自己的身世與未來？）

「我是鄭南榕，我主張台灣獨立。」

行動思想家話一脫口的那抹微笑，是後來最被大家議論揣測的瞬間。因為對於身世的困惑與未來的求索，Nylon 成立二二八和平日促進會，鼓吹新國家運動，在戰後數十年的蒼白禁錮之中，尋找超越與突破的可能。

「我出生在二二八事件那一年，那事件帶給我終生的困擾。」他說。

一九四七年的二二八事件是傷痕，是悲劇，是一場必然發生的意外，Nylon 理解那殤魂太痛傷痕太深，不會忘也不能忘，才會在那甚至連受害者也無法現身、控訴的年代，勇敢走上街頭，舉起宛如十字架的「二二八和平日」木牌，邁開步伐，昂首前進，為那些差一點在歷史中被抹消的人們留下姓名，留下他們曾經在這塊島嶼生活與奮鬥的印記。

＊

（只是，我們究竟要如何理解二二八？）

即使拖稿的狀態延續，兩天前我還是到台中參加一場關於二二八、二七部隊的研討會。事實上，過去所謂「族群衝突」、「官逼民反」的謬論已無須理睬，如今大多數人可以接受的、一個較為全面與根本的詮釋是（Nylon 曾經有過類似的說法）：二二八事件之所以爆發，是兩個近代分別經歷帝國主義侵略（中國）與殖民地統治（台灣）的社會，在戰後初期迅速整合下所產生的不適應與排斥。

我們也可以說，台灣社會對於自己在二次世界大戰中所扮演角色的缺乏反省，以及事件前後對於中國政府的一連串錯誤判斷，終致悲劇發生，造就島嶼傷痕。另一方面，前行研究所累積的訪談資料（如中央研究院與吳三連台灣史料基金會出版的系列叢書）也已經顯示：縱使二二八事件一島同悲，同時也有政治、經濟與社會等共同的因素，但它終究是一起從「偶發事件」蔓延全島的意外事件，導致各個區域、不同個案的發生經過與結果存在著極大的殊異，無法一概而論。

（就像二七部隊與其他的民兵、青年軍。各自盛開當時的青春啊！）

這一場台灣近代集體記憶的最大創傷，終究讓島民被迫動身，也終於讓終戰之際未曾被質疑的「祖國」認同產生動搖。「台灣人」認同迅速地在事件後從「地域」提升至「國家」層次——儘管至今建國未成，二二八事件也猶原是一個未癒合的空喙（khang-tshuì），但是他／她／他們的犧牲，終究為島嶼的倖存者們指引了方向與路。

（台灣人，要和世界平坐站。）

＊

因為事件的緣故，那些青春、那些同期之櫻、那些作為行動主體的青年們以行動對抗威權，用知識探索事實，將創意化為新的歷史啟示，殉道獻身，串連成一條戰後台灣社會當中反抗與行動的系譜。可惜的是，截至目前為止我們仍然缺乏一份完整的、加害者與被害者的「名單」：這是歷史的真實，也是弔詭，是台灣社會幾十年來歷經幽閉靜寂、有被害者沒加害人的荒謬情境。然而，也正是因為這種蒼白，讓戰後的台灣社會始終處於一個懸傷時代——正義追討無方、公道何時償還——就像 Nylon 說的：

「我出生在二二八事件那一年，那事件帶給我終生的困擾。」

（有誰能置身事外？）

＊

如果說，上個世紀平反事件的重點在於挖掘真相，迫使統治政權認錯反省、面對傷痕，那麼新世代與事件的交集，便不在只是官民之間的對立緊張關係，而是開始面對後現代消費文化輕薄短淺、不需要意義、詮釋缺乏的情境。

當我們開始嘗試理解事件，一個關於受難者的困惑也愈加地浮現（他們是誰？）；當那些關於林茂生阮朝日陳炘陳澄波楊元丁王添灯陳能通黃朝生黃媽典簡錦文廖進平郭章垣李瑞漢李瑞峰林連宗施江南宋斐如湯德章涂光明王育霖吳金鍊吳鴻麒張七郎潘木枝盧炳欽蕭朝金蔣巧雲等人的生平從不見底的冥河中浮出；當如今還有人屢屢刻意地在傷亡人數上大作文章之際，我們不僅關心歷史，我們更留意到，當年那些青春飛揚而勇敢獻身、無家無累最後卻無聲無息的、沒能留下名字的人。

（他們是誰？）（我們可以作些什麼？）

二〇一三年，因為陳儀深老師的邀約，源於獨立青年陣線脈絡的學生團體決定共同發起青年世代紀念二二八事件的活動——共生音樂節。在那個國民黨政府剛剛順利連任、本土派一片低迷之際，我們決定讓共生成為團結彼此的媒介，一起瞭解歷史，一起行動，共同為屬於新世代的轉型正義而努力，打贏一場對抗輕薄短淺、抵擋遺忘的鬥爭。

從「青年×超克×未來」開始到「毋通袂記」、「青年再起」到「我們在這裡」，共生團隊始終堅持著讓「最大多數人」涉入的初衷。透過籌備半年的展覽、手冊與真人圖書館，共生讓音樂節既是又不只是旋律迴繞的空間而已，時間在現場伸展，對話與交集讓歷史變成有溫度的故事。除了介紹島國的過往傷痕；每一位參與者都可以在 NGO 團體與異議性社團的帳篷區之間，發現島嶼當前的困境與模樣。來自不同領域的學者、詩人、表演者用自己最熟悉的語言，為大家訴說這塊土地上不長卻豐富的身世。看一部電影、讀一首詩、舞蹈快閃、考前猜題等等的文化／干擾行動，都是共生青年用創意實踐自我的追尋與探求。

不過，一個不得不澄清的事實是，近年來我經常被當成共生音樂節的代表，但那只是偶然下的誤會、一個並不存在的錯覺。共生團隊近幾年來已經慢慢轉型成為「去中心」的共議制度，即使團隊成員的更迭往往造成經驗的斷裂，卻也讓每一屆團隊擁有最大的空間、保持他們有別於其他的特性。如同二二八事件是每一位島民共同承受的歷史，我們不僅期待、更堅持共生可以成為大家的記憶，讓我們一起記得青春，記得殉道與獻身，記得不換，記得那些沒能留下名字的人。

＊

彷佛就像那班我們以為早就過站的列車，島嶼的歷史與正義從未抵達，駛向無方。如果是傷痛催化國家得以成形，那麼我們也就不應該忘記吳叡人的提醒：共同體是一種沒來由將他者想像成我，並樂意為之奉獻、犧牲的想像，是同情，也是共感，更是倫理與善的超越。

於是，對於我與和我同一世代的街頭青年來說，過去幾年街頭奔走的記憶如此真實，卻又彷若是夢。從那尷尬苦澀的「野刺波」開始，接踵而至的反國光石化、反迫遷、反媒體壟斷、反服務業貿易協定——我們面對的既是獨裁者的進化，也是社群網絡的凝聚與重組，所謂暴民們的動員模式因為高速鐵路與臉書而劇烈轉變，而那個一方有難，八方來援的默契，卻終究在運動者逐漸神化／神話之際，宣告一個眾聲喧嘩的時代的終結。

（我們不會忘記那幾個夜。）

「我是×××，我支持台灣獨立」我的朋友、社運名人音地大帝的神來一筆，讓所謂「天然獨」世代在大腸花運動中集體現身、現形，理所當然，沒有畏懼。即使再也沒有誰能夠像Nylon一樣漂撇，但是至少，至少你會發現自己原來不是一個人；原來，還有人跟你一樣，一樣記得很多人、記得很多事。

你們都記得林爽文、戴潮春，記得姜紹祖，記得焦吧年，記得黥面獵首無愧祖靈的賽德克．巴萊；你也記得有一群人曾經高喊台灣是台灣人的台灣，記得台灣文化協會農民組合台灣民報台灣民眾黨；記得壯士高舉太陽旗，鐵絲穿手掌，力戰烏牛欄。你們沒有忘記多少青年魂斷馬場町，沒有忘記舉高過頭的手指二條一，沒有忘記一去不回的歸國學人，沒有忘記婦人與幼女，沒有忘記黑名單，沒有忘記那把雄雄燃燒的火燄……那些曾經被拍擊的肩，有人一定要還的血。

＊

如果傷痛是一道難以跨越的高牆，
我們攀爬，不為翻越，
而是，我們以為可以改變世界……

附錄1

《自由時代》復刻

（選錄五篇）

二二八和平日宣言

四十年來，「二二八」事件像一片烏雲，縷縷的冤魂濃聚不散；又像你我心底的陰影，掩著我們最深刻的創傷。屈不得直，冤不得伸，真相不得大白。四十年來，死者無法安息，生者難以平安；這個島上因此沒有真正的和平。

但是「和平」——統治者與被統治者，本地人與外省人之間的和平——正是這個島上最重要的生存基礎。

因此，在「二二八事件」發生的第四十週年，我們呼籲全島住民共同來紀念這個日子，並祈求和平早日降臨在台灣島上。我們呼籲公布真相，平反冤屈，讓死者的冤魂得以安息，讓生者的心靈得以平安，也讓這個島上的住民，得以因瞭解而諒解，因諒解而和解，因為和解就是邁向和平的開端。

我們懇切地向島上的每一位住民發出這個訊息：在第四十週年的「二二八」，請讓我們以「和平」來紀念它，並訂這一天為「和平日」。

二二八和平日促進會

會長　陳永興

自由時代 第158期 (1987年02月09日)

「二二八和平日促進會」成立記

■李　薔

一九八七年二月四日下午二時，由甫出獄的本刊創辦人鄭南榕出面邀請，共有十四個戮力於民主運動的民間團體，派出代表齊聚一堂，參與一次歷史性的盛會。

出席的團體及其代表有台灣人權促進會（陳永興代表）、台灣基督長老教會北區聯合祈禱會（李勝雄代表）、謝長廷服務處（賁馨儀代表）、洪奇昌服務處（簡錫堦代表）、政治受難者聯誼會（林樹枝代表）、許國泰與張貴木服務處（魏廷昱代表）、張甲長服務處（賁馨儀代表）、黨外嘉義聯誼會（陳英華代表）、黨員林許榮淑與翁金珠服務處（劉峰松代表）、楊雅雲服務處（戴振耀代表）、黨外屏東聯誼會（簡明福代表）、民進黨雲林籌備會（吳文就、張邦彥代表）及自由時代週刊社（鄭南榕代表）等十三個團體。

你我都有的責任

會議約下午二時五十分左右正式開始，首先由召集人鄭南榕報告召開會議的目的，他開宗明義地表示，「二二八事件」至今已四十年，台灣從來沒有公開且盛大的紀念活動，雖然台灣基督長老教會曾舉辦過追思禮拜，但我們應對台灣全體百姓作一公開表示，使台灣百姓心中不再驚怕。台權會及長老教會均將於最近舉行關於「二二八事件」的紀念活動，因為這是你我都有責任的事，所以聯絡大家一起來討論，思考如何協調，合力來推動這次「二二八事件」四十週年的紀念行動。

會中並提出紀念活動的方式，以供大家討論，計有：一、大型演講會，二、和平遊行，三、座談會，四、默禱，五、祭拜典禮、追思禮拜，六、受害者及遺族索賠登記，七、史料、圖片展覽，八、寫信要求釋放政治犯，九、成立紀念館（如：二二八史料紀念館），十、出版專書等計十項之多。

與會者均展開熱烈地討論，賁馨儀立即要求增列「二二八紀念歌」，她認為活動中如有歌和口號，將會有較好的效果。簡錫堦認為海外的台灣同鄉在舉辦「二二八事件」紀念活動時，弄得很有氣氛，幾乎類似「國殤紀念日」一般感人，除了有圖片資料展示外，並用大形幻燈機打出影片，並配合以旁白說明，效果相當不錯。另外，活動的地點和時間之選擇須注意區域性。

林樹枝表示，史料展覽和大型演講可考慮合併辦理；祭拜典禮很重要，全台灣有很多地方，可以考證其事件發生的確切時間，而舉辦紀念活動，如嘉義火車站就有許多人被槍殺。

戴振耀補充說，當時高雄市火車站有許多中學生及民意代表遭槍殺，不少屍體被丟入愛河，應該在這些歷史性的地點行祭典。

眾人紛紛指出昔日慘案發生的地點，並決議請專人深入詳細研究，以供舉辦活動參考，將來舉辦紀念會時，並應邀請受難的家屬前來參與祭拜，以凸顯其意義。並接受索賠登記，長期為那些「二二八事件」的受害者及遺族爭取應有的賠償。

關於舉辦大型演講會吳文就建議可以比照民進黨所舉辦的巡迴演講會，委託各地團體出面主辦，向民眾說明辦二二八紀念活動的意義。

對二二八史料紀念館的設立，大家均無異議，不過也認為在資料的蒐集上，恐怕相當困難。海外有許多關於「二二八事件」的資料，卻常在海關就被查扣，無法攜入台灣，只有就本地現有的資料，加以深入發掘。紀念館的館址可以選擇有意義的地點，如義光教會地下室設立，可以加強號召力。

成立二二八和平日促進會

貢馨儀也建議，在紀念館內，可以比照美國的「越戰紀念碑」，建立死者名單，以後一有新的發現就加以補充。

有關「二二八事件」的書籍已有數本，但大多為文章併湊而成，鮮有專門的研究報告和論著出現。一方面因資料有限、禁忌重重，另一方面研究者也無經費，故劉峰松認為出版專書不宜急就章，應先設立一筆研究獎金，鼓勵有志之士長期來從事二二八史料的文獻整理。

活動的方式決定之後，會議進入第二議程，討論紀念活動的時間，以地方各團體的方便為原則，決定二月十四日開始一連串活動，一直持續至三月底止。二月廿八日之前所舉辦的演講會均名為「二二八和平日說明會」，二月廿八日之後則舉行祭拜、追思儀式、演講會，以及其他各項活動。

接著討論工作分組，由於參加活動的團體眾多，且分散南北各地，如未設立一統籌的機構及聯絡中心，恐活動時有諸多不便之處。貢馨儀提議乾脆於當天就成立「二二八和平日促進會」及各地聯絡中心的永久性組織，不只這次紀念活動辦完就算了，大家要有決心一年接著一年辦下去。

這個提議立即獲得全體與會者的贊成，皆自願成為發起人，於是，「二二八和平日促進會」宣布成立，眾人立即敦請李勝雄律師草擬章程。

人權史再寫新頁

台權會會長陳永興一向秉性正直，關心人權，眾人乃提議他出任「二二八和平日促進會」的首任會長，隨即大家又推舉李勝雄出任副會長；陳永興也即席任命鄭南榕為祕書長。並聘任貢馨儀為活動組長，負責動態活動之聯絡與執行；簡錫堦為文宣組長，負責活動宣傳、資料準備、負責接觸新聞界及對外發布消息；劉峰松為資料組長，負責史料、圖片及推動設立紀念館，魏廷昱為財務組長，負責募款及財務管理；林樹枝任總務組長，負責庶務以及不屬以上四組之事項。各項工作之推動，則由自由時代週刊社員工全力支援。

二二八和平日促進會會址設於台北市民權東路五五〇巷三弄十一號三樓（即自由時代週刊社社址）。而各地區的會員除舉辦活動外，並應設聯絡中心。

至於經費之來源及預算編列，在收入方面，除接受會員之自動捐助外，將對外公開募款，各地區聯絡中心之收入，由總會統收，支出方面，亦由總會核發。

此時，章程草案也已擬成，李勝雄便提交會議討論，經逐條修訂後，全體三讀通過。一個以紀念「二二八事件」、促成公布真相與平反冤屈為宗旨的人權組織於焉正式誕生。

「二二八和平日促進會」將對外發表宣言，使用共同標幟，印製統一傳單，展開各項活動。為台灣人權奮鬥史上再寫一篇新的扉頁。

自由時代第 159 期 (1987 年 02 月 16 日)

以和平紀念二二八

■鄭南榕

震撼人類良心的「二二八事件」今年就要滿四十週年了。四十年來，國民黨一直壓制有關該事件的報導與討論。他們想透過封鎖資訊的方式，讓台灣人民忘却這一噩夢般的恐怖經驗。

然而，國民黨的這種作法始終沒有收到預期的效果。四十年來，台灣人民一直懼怕大禍再度臨頭，國民黨則一直懼怕台灣人民得到機會報復。雖然這種恐懼通常是深藏在心底，很少公然表達，但長期以來國民黨的保守專制，與台灣人民的嚴重政治冷感，正是這種恐懼心理確實存在的明證。

恐懼與仇恨潛藏在內心深處的結果，使得這個島上的每一個本地人和外省人都失却安全感、都覺得沒有出路、都極力尋覓脫困之道。就這樣，台灣終於成了一個對長遠未來缺乏信心、對居住土地缺乏深刻認同感的社會。

由於「二二八事件」的遺害沉澱到這個島上每一個人的內心深處，並悄悄地在那兒發酵、變質，因此每一個人的心靈，終於都遭到污染，每一個人的民主政治理念與道德觀也都遭到扭曲。

今天，國民黨和台灣人民在這個島上共處了四十年，社會日益多元，國民黨的控制力不斷萎縮。在這種情況下，我們當然應該積極著手解決「二二八事件」遺害的問題。

解決的第一步是將整個事件的真相公諸於世。任何一種仇恨，都必須透過深刻的了解，才能獲得諒解與化解。另外，我們也唯有透過以事實真相為基礎的討論，才能獲得真正具有啟示性的「歷史教訓」，防止悲劇再度發生，並讓永久的和平降臨台灣。

「冤冤相報無時休」是基本的歷史常識。我們呼籲化解仇恨，昔日的殺人者必須真心懺悔、真心贖罪。如此，受害人才能以愛心來捐棄宿仇。

為了要讓台灣的政治、社會體質獲得一次徹底的更新，為了要讓每一顆遭扭曲的心靈永遠脫離「二二八」陰影的毒害，我們呼籲大家來參與「二二八和平日促進會」的活動。

為化解仇恨而走

——台南市「二二八和平日」遊行記實

■江東去

走出「二二八事件」的陰影，並不是一件一蹴可幾的工作。但是，二月十五日下午，台南黨外人士卻走出「二二八事件」陰影的第一步。他們舉著「二二八和平日」標誌牌，走遍台南市各大街道；他們播放哀樂，放和平鴿；他們呼籲：「請大家將過去的眼淚擦掉。」過去，「二二八」是個「悲慘日」，將來，但願「二二八」是個「和平日」。

害怕或淡忘？

「阿婆，要坐車嗎？」

「不用啦，我要用走的。」

許老太太，台南市人，七十五歲，走在「二二八和平日」遊行隊伍中，臉上滿是歲月深刻的皺紋，但她似乎毫無倦意，依舊一步跟著一步，隨著隊伍前進。

二月十五日下午二時半，台南黨外人士黃昭凱、林宗正牧師、及出獄不到二十天的鄭南榕，三人肩並肩，手持「二二八和平日」標誌牌，走在前頭，後面跟著三十多人，兩輛宣傳車，從位於民生路的「朱高正服務處」出發，開始和平遊行。

三十多人的遊行隊伍緩緩前進，吸引了許多路人的佇足旁觀，不時交頭接耳：「這是什麼？」「二二八和平日？」「那有這種日子？」「站在這兒看就好了，別太靠近。」

下午，陽光高照。街頭上突然出現的這支隊伍，使得馬路邊的商店裡的人一個個好奇的出來看個究竟。沿街窗戶不少住戶，也探頭出來。但是，民眾只是冷冷的站在旁邊，不敢加入隊伍。

二時五十分，遊行隊伍經過「王子大戲院」。一群青少年看著這支飄舞著民進黨旗，揮動著「二二八和平日」標誌牌的遊行隊伍，有的表情漠然，有的躲在柱子後面，東指西指，有些則東一堆、西一堆，圍在一起，嬉笑玩樂。

「各位，咱大家來紀念『二二八事件』。咱大家一齊拿手帕，將過去的眼淚擦掉。」台南民進黨黨工李金億，手持麥克風，一邊走，一邊聲嘶力竭的喊道。

這位黨工所用的背負式麥克風，是黃昭凱的精心設計，使用起來，勁道十足，音量遠達兩條街之外。但是仍然是看熱鬧的多，參加的少。

是民眾害怕一走進隊伍，會被情治單位照相蒐證？還是「二二八事件」時隔四十年，大家都淡忘了？

湯德章律師葬身之所

「現在的少年囝攏不知影，唉，真可悲。」那位七十五歲的許老太太，向本刊記者說。

她是「二二八事件」的目擊者。當年，她的丈夫、哥哥，為了躲避國民黨軍隊的追捕，逃去高雄市。她也帶著幼兒，在高雄市過著半年東躲西藏的日子。

「阿婆，那邊有位少年請您坐車，咱要走很久的喔。」一位黨工向她招呼道。

「不用啦，不用啦，我走慣了，我要走完這段路。」她揮手婉拒，又低著頭，往前邁進。

三時十分，路上依然看不到半個警察。

一位吳姓黨工手持著標語竹桿，高視闊步。

「你這樣走在街頭，不怕家人擔心嗎？」本刊記者問。

「有什麼好擔心的？我太太也支持啊。」他答道。

三時廿分，一行三十多人走了約五十分鐘，終於抵達南門街的「高李麗珍服務處」。那時，已有將近四、五十人手舉民進黨旗，等候多時。兩軍會師，一陣歡呼，隊伍又朝台南縣府前的「民生綠園」繼續前進。

四十年前，一名台南市名律師湯德章先生，在「二二八事件」爆發之後，遭國民黨軍隊逮捕。後來，他被兩手反綁，背後插古時罪犯木條，用卡車載著，被迫台南市街遊街示眾。國民黨軍隊將他槍決的地點就在今天的「民生綠園」所在地。

台南市議員蔡世仁也參加遊行隊伍。他不時拿著麥克風，大聲喊道：「咱要求公布歷史的真相。」

警察擋路

「當年，幸虧湯德章擔下一切的責任，台南市的屠殺情形才沒像高雄、嘉義、台中等地那麼嚴重。」蔡世仁以一個歷史的見證人，說出這段往事。他表示，湯德章遭槍決時，他雖年僅九歲，也跟著長輩到現場去看。

三時四十五分，遊行隊伍繞過東門圓環。那時，隊伍已增至一百多人，首尾長達五十公尺。

四時十四分，台南市警察局李督察長、胡分局長出現。他們就在成功路與忠義路的交口處，勸黃昭凱「拜託，不要再遊行」。但黃昭凱不為所動，依然率隊繼續前進，李督察長率幾名警員悻悻然離去。大家以為這下子沒事了，想不到好戲還在後頭。

四時二十分，一群手持警棍的員警，一字排開，擋在成功路口。「幹，他們擋什麼？」「和平遊行，也要來亂？」「我們衝過去，怕什麼？」隊伍中有人按捺不住，怒言四出。

那時，只見一名警員，頻頻向鄭南榕陪笑臉，並不斷跟他握手，希望隊伍不要硬往前衝。另一位警官連忙解釋道：「不是不讓你們過去，而是前面西門路有車禍，我們正在處理車禍，拜託，幫個忙好不好？」

事實上，車禍其名，攔阻其實。西門路是台南市內的鬧區，遊行隊伍一開進去，勢必吸引人潮，這些警察奉上級指示，無論如何不讓黨外人士越過雷池一步，否則遊行隊伍人一多，越難控制。

當時，黃昭凱決定以最和平的方式，完成這項紀念活動，他就不再堅持，率隊改道，帶往台南市縣政府前的「民生綠園」。

陰影何時褪去？

四時四十分，遊行隊伍抵達目的地。那裡已經有許多人等候多時。其中，有幾位六、七十歲的本省籍老人。記者趨前一問，才知道他們是「二二八事件」的遺老，因為遊行的路程太長，所以先行到公園等候。

四時五十分，大家在湯德章律師當年赴義的地點，圍成一個圓圈。然後，由林宗正牧師主持簡單的悼念儀式。

現場，工作人員播放幽戚的哀樂。黃昭凱宣佈：「放和平鴿。」兩個小籠子內十幾隻鴿子立刻振翅高飛。黃昭凱神情嚴肅，聲音低沉道：「讓他們回到自己的巢吧。」

接著，由莊經顯牧師帶領大家禱告，林宗正牧師朗誦一首詩「母親的悲願」。

請毋通放炮
聽著炮仔聲 我會起痟

我的囝啊，我的心肝仔囝
彼一工
你的目珠予人掩咧
規身軀予人縛咧
佇一陣銃聲當中倒落去
鮮血將故鄉的土地染紅

只因為佇二月底
寒流來彼工
你待出來抗議
怹貪污腐化 怹拗蠻霸道
你就按呢一去無閣轉來
傷心的目屎流未止
兩蕊目珠哭到變青暝
滿腹的恨佮悲苦
予我暝日斷腸閣心碎
怹　死你 鄉里上優秀的大學生
怹奪去我所有的向望
欲叫我按怎活落去
我的囝啊，我的心肝仔囝
無偌久 阿母會去敆你做伴
佇另外一個世界
我來攬你 敆你做伙啼
我來搓你的傷痕 減輕你的痛苦
安歇佇故鄉山河的懷中
咱永遠未閣分開
活佇同胞的心內
咱永遠未閣孤單

五時十分，悼念儀式結束，大家再度遊行返回「高李麗珍服務處」。

一位年約六十多歲的「二二八事件」遺老，站在湯德章被槍殺的地方，感慨的說道：「當年，國民黨軍隊將他拖到這兒，要他下跪，他不肯下跪。他們就從後面用槍拖敲擊他小腿，湯德章才撲的一聲下跪。但他仍想掙扎起來，可是，他們就當著現場成千上萬的台灣人民，『碰！』的一聲，他腦漿迸裂，當場死亡。國民黨他們還不准他家人立即收屍，任其屍首示眾。……」

夕陽中，三四位老人注視著地上那堆玫瑰花。湯德章律師就死在這兒。那一片無形的血腥陰影何時才會褪去呢？

編按：

「母親的悲願」，作者「柯旗化」，此詩是獻給四十年前在二二八事變中壯烈犧牲的同學余仁德兄及諸位烈士以慰其在天之靈。余仁德，高雄縣岡山鎮人，一九二七年生，高雄中學畢業，戰後就讀台大法律系。一九四七年二二八事變發生時，余烈士因在岡山鎮鎮民大會中，上台演講批評政治腐敗，軍紀敗壞，而遭駐軍逮捕，於三月初在岡山鎮郊被槍決。享年二十歲。

突破禁忌 撫平傷痕

■徐曼青

——「二二八和平日」活動的省思

我們希望，凡因二二八受傷的心靈，都能因此康復，大家從此本著寬容與互愛，繼續在這塊土地上打拚。

陳永興

「二二八和平日促進會」自二月四日成立以來，在一個多月的時間裡，展開了第一階段二十二場活動，活動目的主要是向台灣全島住民傳遞和平訊息，希望把四十多年來存在台灣人民心中的陰影禁忌，藉著公開活動方式得以打破恐懼感紓解不滿，使過去的冤屈平反受難者家屬得到安慰，將心靈的傷痛化解。

我非常感謝本會所有工作同仁以及許多參與活動者的努力，他們在整個運動中，都能把握住和平日的方向，能使運動順利進行，達到我們預期的目標。對於有關單位出動軍警維護秩序，而沒有強力鎮壓導致衝突，我也深感欣慰。雖然中警部和東警部的情治人員稍許反應過度，有些不當的干擾，造成小衝突，但幸無大礙。我希望有關方面以後對於這類活動，大可不必出動鎮暴部隊，因為那樣做反而會引起反彈。以這次活動為例，凡是沒有軍警出動的地區，我們的活動都能在和平莊嚴的氣氛下完成。

現在本會第一階段的活動暫告一段落，但第二階段的活動很快將要開始，包括資料的搜集、深入的學術研究，受難者遺屬的登記等。而我們最後的目標是把這個日子訂為全國性的和平紀念日。因此，對整個社會來說，這是一個「心理重建」的過程。我們希望，凡因二二八受傷的心靈，都能因此康復，大家從此本著寬容與互愛，繼續在這塊土地上打拚。

多年來，台灣人民所以對政治冷漠疏離，都肇因於二二八的恐懼。因此，要使台灣的民主運動早日步入坦途，化解仇恨消除恐懼應是最深沉的基礎工作。光是熱衷選舉對民主運動來說只是一種虛相，唯有把恐懼猜忌的陰霾從民眾心理掃除，使每個人敢爭取自己應有的主權才是民主運動最根本的工作。本會的成立便是基於這個目標。

我認為台灣社會已具備這種潛力與水準，從本會在這次一系列活動後收到的迴響可以得證。我對台灣社會和民眾極具信心，它絕不是像我們過去所擔心的那麼充滿無力感，只要我們去喚醒深藏在台灣人民內心的愛和尊嚴，台灣的將來是可以樂觀的！

附錄2 推薦書單

推薦書單

鄭南榕基金會工作團隊整理，共分為「總論」、「人物」、「地區」、「文學」、「藝術」五大類。

總論

書名	作者	出版單位	出版日期
苦悶的台灣	王育德	自由時代	1987/01
走出二二八的陰影——二二八事件四十週年紀念專輯	二二八事件四十週年紀念專輯編輯委員會	二二八和平日促進會	1987/07/01
台灣人四百年史（上、下冊）	史明	自由時代	1988/08
二二八事件學術論文集——台灣人國殤事件的歷史回顧	陳芳明編	前衛	1989/07/15
二二八事件回憶集	張炎憲、李筱峰編	稻鄉	1989
一九四七台灣二二八革命	王建生、陳婉真、陳湧泉	前衛	1990/02/28
台灣二月革命	林木順編	前衛	1990
走出二二八的陰影——二二八和平日促進運動實錄（一九八七—一九九〇）	胡慧玲、徐良平、吳惠芬編	二二八和平日促進會	1991/02
台灣戰後史資料選——二二八事件專輯	陳芳明編	二二八和平日促進會	1991
二·二八民變——台灣與蔣介石	楊逸舟著；張良澤譯	前衛	1991
二二八學術研討會論文集（一九九一）	二二八民間研究小組	二二八民間研究小組、台美文化交流基金會、現代學術研究基金會	1992/02
二二八官方機密史料	林德龍輯註	自立晚報	1992
海外台獨運動四十年	陳銘城	自立晚報	1992/11

島嶼新胎記——從終戰到二二八	李筱峰	自立晚報	1993/03/01
派系鬥爭與權謀政治——二二八悲劇的另一面相	陳翠蓮	時報文化	1995
近半世紀的哀怨——台灣二二八	張秋梧、林美瑢編	二二八和平促進會	1996/02/28
咱著打開心內的門窗——二二八事件史實紀要	台北市政府教育局編撰	台北市政府	1997/02
解讀二二八	李筱峰	玉山社	1998/01/15
二二八事件研究論文集	張炎憲、陳美蓉、楊雅慧編 張炎憲總編	吳三連台灣史料基金會	1998/06/15
福爾摩沙的呼喚—— 一位紐西蘭人在台灣二二八事件的親身經歷 Formosa calling	Allan J. Shackleton 原作 宋亞伯譯述	望春風	1999/02/15
二二八事件檔案彙編（全套十八冊）	簡笙簧主編	國史館	2002
第三隻眼睛看二二八——美國外交檔案揭密	王景弘	玉山社	2002/02/15
認識二二八——和平鴿選輯與文獻解題	何義麟主編	台北市政府文化局	2002/12/01
戰後台灣人權史	薛化元等	國家人權博物館籌備處	2003
二二八事件責任歸屬研究報告	張炎憲等執筆	財團法人二二八事件 紀念基金會	2006/02
唐山看台灣——二二八事件前後中國知識分子的見證	李筱峰	日創社文化事業有限公司	2006/10/31
二二八事件與公營事業——二二八事件檔案專題選輯	檔案管理局	行政院檔案管理局	2007/05/01
二二八事件六十週年紀念論文集	許雪姬	台北市政府文化局	2007/12/01
二二八事件辭典	張炎憲主編	國史館	2008/02
紀念二二八事件六十週年學術研討會論文集	高雄市政府文獻委員會	高雄市政府文獻會	2008/12/01
狗去豬來——二二八前夕美國情報檔案解密 Americans in Formosa（一九四五－一九四七）	Nancy Hsu Fleming 蔡丁貴譯	前衛	2009/02/01
二二八事件台灣本地新聞史料彙編（四冊）	林元輝編註	財團法人二二八事件 紀念基金會	2009/06/01
台灣人症頭——受虐性格的心理分析	林毅夫	前衛	2010/03/01

二二八事件與青年學生特展專刊	陳翠蓮	台北市政府文化局	2012/12/01
解碼二二八——解開二二八事件處理大綱的歷史謎團	陳君愷	玉山社	2013/04/01
一九四〇—一九五〇消失的四〇年代——造飛機的小孩們	陳婉真	白象文化	2013/08/27
毋通袂記——一九四七島國的傷痕	二〇一四年二二八共生音樂節工作小組	前衛	2014/02/24
走過——尋訪二二八	二〇一五年二二八共生音樂節工作小組	前衛	2015/02/17
一九四〇—一九五〇消失的四〇年代2——背後那支槍	陳婉真	白象文化	2015/09/01
保密局台灣站二二八史料彙編（一）	許雪姬主編	中央研究院台灣史研究所	2015/06/01
戰後台灣人權發展史（一九四五—二〇〇〇）	薛化元、楊秀菁、蘇瑞鏘	稻鄉	2015/12/01
保密局台灣站二二八史料彙編（二）	許雪姬主編	中央研究院台灣史研究所	2016/02/01
保密局台灣站二二八史料彙編（三）	許雪姬主編	中央研究院台灣史研究所	2016/10/01
二二八事件期間上海、南京、台灣報紙資料選輯（上、下冊）	許雪姬主編	中央研究院台灣史研究所	2016/06/01
台灣二二八大慘案——華北輿論集	許毓良校註	前衛	2016/02/26
回眸與追求——傳承不熄的暗夜微光	共生音樂節論述組×海嶼暗潮等編著	前衛	2016/02/26
快讀二二八——二二八短論集	李筱峰	允晨文化	2016/02/28
被出賣的台灣 Formosal Betrayed（全新翻譯校註）	George H. Kerr（葛超智）詹麗茹、柯翠園譯	台灣教授協會	2015/04/10

人物

書名	作者	出版單位	出版日期
台中的風雷——跟謝雪紅在一起的日子裡	古瑞雲	人間	1990/09
孤寂煎熬四十五年——尋找二二八失踪的爸爸阮朝日	阮美姝	前衛	1992
幽暗角落的泣聲——尋訪二二八散落的遺族	阮美姝	前衛	1992
高雄市二二八相關人物訪問紀錄（上、中、下冊）	許雪姬、方惠芳訪問 吳美慧等紀錄	中央研究院近代史研究所	1995/02
林茂生・陳炘和他們的時代	李筱峰	玉山社	1996/10/01
蔣渭川和他的時代	陳芳明編	前衛	1996
查某人的二二八——政治寡婦的故事	沈秀華	玉山社	1997/02/01
南天之虹——把二二八事件刻在版畫上的人	横地剛著 陸平舟譯	人間	2002
二二八戰士黃金島的一生	黃金島著 潘彥蓉、周維朋整理	前衛	2004/12/01
王添　紀念輯	張炎憲主編	吳三連台灣史料基金會	2005/02
朱昭陽回憶錄——風雨延平出清流	朱昭陽口述 吳君瑩紀錄 林忠勝撰述	前衛	2009/02/01
六十回憶——韓石泉醫師自傳	韓石泉 譯者：韓良俊	望春風	2009/03/01
謝雪紅評傳（全新增訂版）	陳芳明	麥田	2009/02/24
自由的滋味——彭明敏回憶錄（二〇〇九年增訂版）	彭明敏	玉山社	2009/04/15
辛酸六十年（上）狂風暴雨一小舟——二二八事件二七部隊部隊長鍾逸人回憶錄	鍾逸人	前衛	2009/12/04
辛酸六十年（下）煉獄風雲錄——二二八事件二七部隊部隊長鍾逸人回憶錄	鍾逸人	前衛	2009/12/04

辛酸六十年（續篇）火的刻痕：鍾逸人後二二八滄桑奮鬥史	鍾逸人	前衛	2009/12/01
我的父親	陳重光 繪者：田中伸介	格林文化	2010/02/28
黃榮燦紀念特展專刊	洪維健	台北市政府文化局	2012/12/01
勿忘台灣——落花夢	張秀哲	衛城出版	2013/02/27
槍口下的司法天平——二二八法界受難事蹟	陳銘城、蔡宏明、張宜君	財團法人二二八事件紀念基金會	2013/05
堅持到底——真愛永遠沒有看破的一天	陳永興口述 曾秋美、黃一城紀錄整理	印刻	2014/05/12
此心不沉——陳纂地與二戰末期台灣人醫生	鍾逸人	玉山社	2014/07/05
美的極致——阮美姝一生與二二八平反實錄	阮美姝口述 許曉涵採訪撰述	台灣神學院	2014/09
靜待黎明	高陳雙適口述 許月梅撰文	玉山社	2015/02/11
二二八消失的台灣菁英（二〇一五年增訂版1、2）	李筱峰、陳孟絹	玉山社	2015/02/17
見證二二八（上、下冊）	楊碧川文字撰寫 潘小俠照片攝影	財團法人二二八事件紀念基金會	2015/02
二二八記者劫	呂東熹	玉山社	2016/02/24
湯德章——不該被遺忘的正義與勇氣	門田隆將 譯者：林琪禎、張弈伶、李雨青	玉山社	2016/12/19

地區

書名	作者	出版單位	出版日期
嘉義驛前二二八	張炎憲等採訪紀錄	吳三連台灣史料基金會	1995/02/15
嘉雲平野二二八	張炎憲等採訪紀錄	吳三連台灣史料基金會	1995/02/15
淡水河域二二八	張炎憲、胡慧玲、黎澄貴採訪紀錄	吳三連台灣史料基金會	1996/02/15
彰化縣二二八事件檔案彙編——彰化縣二二八口述歷史調查計畫	呂興忠	彰化縣政府文化局	1996/04/01
記憶底層的黑暗板塊——中部二二八事件檔案特展專輯	黃惠君企劃撰文	台北市政府文化局	2006/03/01
南瀛二二八誌	涂叔君	台南縣政府文化局	2006/05/01
濁水溪畔二二八——口述歷史訪談錄	陳儀深計畫主持、楊振隆總編輯	草根	2009/03/01
彰化縣二二八口述歷史系列書	呂興忠	彰化縣政府文化局	2010/02/01
嘉義北回二二八	張炎憲等採訪紀錄	吳三連台灣史料基金會	2011/03/30
基隆雨港二二八	張炎憲等採訪紀錄	吳三連台灣史料基金會	2011/03/30
悲情車站二二八	張炎憲等採訪紀錄	吳三連台灣史料基金會	2011/03/30
風起雲湧二二八——雲林記事	楊欽堯	雲林縣政府文化局	2012/02/01
噶瑪蘭二二八——宜蘭二二八口述歷史	張文義、沈秀華	吳三連台灣史料基金會	2013/02/01
新竹風城二二八	張炎憲、許明薰、楊雅慧編者：陳鳳華	吳三連台灣史料基金會	2014/02/01
花蓮鳳林二二八（新版）	張炎憲、曾秋美等採訪紀錄	吳三連台灣史料基金會	2014/03/01
諸羅山城二二八（新版）	張炎憲、王逸石、王昭文、高淑媛採訪紀錄	吳三連台灣史料基金會	2014/03/01
台北南港二二八（新版）	張炎憲、胡慧玲、黎中光採訪紀錄	吳三連台灣史料基金會	2015/08/01
台北都會二二八（新版）	張炎憲、胡慧玲、黎澄貴採訪紀錄	吳三連台灣史料基金會	2015/08/01

文學

書名	作者	出版單位	出版日期
抗暴的打貓市	宋澤萊		1985
無花果——台灣七十年的回想	吳濁流	前衛	1988
台灣連翹	吳濁流著；鍾肇政譯	前衛	1988
二二八台灣小說選	林雙不編	自立晚報	1989
泥河	陳燁	自立晚報	1989
吳新榮回憶錄	吳新榮	前衛	1989/07
一九四七高砂百合	林燿德	聯合文學	1990/12/01
反骨	廖清秀	遠景	1993/07/25
戰後台灣文學反思	李敏勇	自立晚報	1994
埋冤・一九四七・埋冤（再版）	李喬	海洋台灣	1996/02
白水湖春夢	蕭麗紅	聯經出版公司	1996/12/01
傷口的花——二二八詩集	李敏勇編集	玉山社	1997/02/01
怒濤	鍾肇政	草根	1997/04/01
烈愛真華	陳燁	聯經出版公司	2002/04/17
母親的悲願	柯旗化	第一	2002/07/01
無語的春天——二二八小說選	許俊雅	玉山社	2003/09/01
浪淘沙	東方白	前衛	2005/05/10
槍聲	胡長松	前衛	2005/10/05
迷園	李昂	麥田	2006/04/18
台灣古典文學的時代刻痕——從晚清到二二八	廖振富	國立編譯館	2007/07/01
安魂曲	李魁賢	秀威資訊	2010/01/01

天・光——二二八本土母語文學選	杜潘芳格、黃勁連等	國立台灣文學館	2010/02/01
北港香爐人人插	李昂	九歌	2010/05/01
啥云乎祖國——二二八的教訓（二版）	何聰明、林藏滿	台南市立圖書館	2011/08/01
後山日先照	吳豐秋	米樂文化	2011/10/01
美麗島詩歌	李敏勇	玉山社	2012/05/04
二二八——江自得詩集	江自得	春暉	2016/12/01

藝術

書名	作者	出版單位	出版日期
二二八紀念碑設計作品專輯	林栢年主編	二二八建碑委員會	1994
回顧與省思——二二八紀念美展專輯	台北市立美術館研究小組	台北市立美術館	1996/04
凝視台灣——啟動台灣美術中的二二八元素	林小雲編輯	木馬文化	2002/04/15
台灣二二八紀念碑圖集	施國政主編	阮朝日二二八紀念館	2004
漫話二二八	阮美姝原作・監修 張瑞廷繪圖	杜葳廣告	2005
關鍵一九八七——二二八公義和平運動影像展	宋隆泉	財團法人二二八事件紀念基金會	2011/02
烈火中的二二八	杜福安	玉山社	2012/02/28
紀念之外——二二八事件・創傷與性別差異的美學 Beyond Commemoration: The 2-28 Incident, the Aesthetics of Trauma and Sexual Difference	陳香君 原文作者： Elsa Hsiang-chun Chen 周靈芝、項幼榕譯	典藏藝術家庭	2014/02/05

後記

黃啟豪（鄭南榕基金會辦公室主任）

二〇一七年是「二二八事件」七十週年，也是鄭南榕與陳永興醫師、李勝雄律師等人推動「二二八和平日運動」三十週年。過去家裡不能談、學校不會教的二二八，被國家機器封印人民的記憶四十年。一直到一九八七年二二八和平日運動展開之後，長期以來的禁忌，被有志之士打破了，受難者家屬勇敢站出來，學界更多研究二二八事件，二二八真相與責任的追究，終於露出曙光。

鄭南榕基金會與逗點文創結社繼二〇一六年五一九綠色行動三十週年紀念專書《百分百自由教戰手冊》後，再度合作。基金會工作團隊由執行董事鄭清華帶領，進行出版發想與整合作業。坊間二二八相關著作甚多，當中也有許多代表性作品，如何出版一本具有特色及當代意義的二二八書籍？我們選擇從「名單」的概念切入，試圖用不同角度去解讀二二八，並將本書定名《名單之外——你也是受害者之一？》。回顧這一段歷史，我們可以反思時代意義，繼續追求真相、療癒創傷，轉向正面能量，給我們自己一個健康的台灣。

本書分為四部分，第一是扼要敘述二二八事件作為歷史導讀，並且以半自傳方式描寫鄭南榕青年時期的成長過程和後來辦黨外雜誌、參與社會運動與二二八的關係，再重新檢視二二八並探討轉型正義。其次分九個次主題，闡述當代人物如何從他們的專業領域看二二八事件。第三用旅遊台灣的概念在紙面上踏查台灣各地的二二八紀念場所、探索二二八事件中無語問蒼天的名單外故事、以及以抽象概念表達二二八如何具像地讓全台灣變成名單外的受害者。最後在附錄中復刻《自由時代》文章、列舉相關參考書單，讓這本書成為閱讀二二八的逗點，不是句點。

確立出版架構後，我們開始尋找適合人選，並由基金會啟動邀稿。過程中，除了少數實因繁忙而無法接受撰稿邀請，無比感動的是，所有撰稿人當下就慨然允諾執筆，並稱只要是基金會的請求當然義不容辭。工作團隊深切感受到這般溫暖的心意，獲得極大鼓舞，轉化為滿滿的動力，兢兢業業催生本書的出版。此外，在此要特別感謝基金會終生志工葉菊蘭女士接受訪談，回憶「二二八和平日運動」她與鄭南榕攜手走過的點點滴滴，包括很多第一次對外揭露的小故事，還原他們之間的對話，從中讓讀者了解鄭南榕拚盡全力、義無反顧投入此運動的心境。

接續，推薦文的邀請，「二二八和平日促進會」的會長陳永興醫師、副會長李勝雄律師是不二人選，曾與鄭南榕並肩作戰的他們爽快應允，真摯且深刻地為本書寫下完美的註解。文章齊備後，編輯刀刀負責文稿編排、潤飾與校對；設計師小子著手封面設計、內頁版型與排版，他們專業又精準地呈現本書應有的樣貌。引用逗點文創結社社長夏民的話：「這本書，就像是一間井然有序的雜貨店，有溫暖有溫度，而且很快就可以找到需要的東西。」

二〇一八年是鄭南榕生前策動的最後一個運動──「新國家運動」三十週年，基金會亦將出版專書紀念。什麼是新國家？對新國家的未來想像？如何建立我們的新國家？凡此種種，三十年前鄭南榕與夥伴們奮鬥不懈的目標；三十年後當代台灣人要如何接棒實現？對出版而言，同樣是非常大的挑戰，相信值得期待。《名單之外》得以付梓，集結許多前輩的心血結晶與長年研究成果，希望有益社會，傳遞價值，分享讀者。惟書中難免疏漏之處，尚祈方家識者不吝指正，基金會當承擔所有責任。最後，再次感謝所有推薦人、撰稿人、工作夥伴的協力，謹此致上最誠摯謝意。

示見15

名單之外——你也是受害者之一？

作　　者：鄭南榕基金會等
總 編 輯：陳夏民
編　　輯：刀刀
書籍設計：小子

出　　版：逗點文創結社
地　　址：330 桃園市中央街 11 巷 4-1 號
網　　站：www.commabooks.com.tw
電　　話：03-3359366
傳　　真：03-3359303

總 經 銷：知己圖書股份有限公司
台北公司：台北市 106 大安區辛亥路一段 30 號 9 樓
電　　話：02-23672044
傳　　真：02-23635741
台中公司：台中市 407 工業區 30 路 1 號
電　　話：04-23595819
傳　　真：04-23595493

印　　刷：通南彩色印刷有限公司
I S B N：978-986-92786-9-0（平裝）
定　　價：360 元
初版一刷 2017 年 2 月

名單之外：你也是受害者之一？/ 鄭南榕基金會著. -- 初版.
-- 桃園市：逗點文創結社，2017.02

248 面；14.8x21 公分. --（示見；15）

ISBN 978-986-92786-9-0(平裝)

1. 二二八事件 2. 文集

733.2913　　106000689